教育部中等职业教育"十二
中等职业教育服装设计与工

U0677027

Clothes

服装生产基础

FUZHUANG SHENGCHAN JICHU

主编/ 庄鹏姬

重庆大学出版社

图书在版编目(CIP)数据

服装生产基础/庄鹏姬主编. --重庆：重庆大学
出版社，2019.4
中等职业教育服装设计与工艺专业系列教材
ISBN 978-7-5689-1520-5

Ⅰ.①服… Ⅱ.①庄… Ⅲ.①服装工业—生产管理—
中等专业学校—教材 Ⅳ.①F407.866.2

中国版本图书馆CIP数据核字（2019）第041740号

中等职业教育服装设计与工艺专业系列教材

服装生产基础

主 编 庄鹏姬

策划编辑：杨 漫

责任编辑：夏 宇 版式设计：杨 漫

责任校对：邹 忌 责任印制：赵 晟

重庆大学出版社出版发行

出版人：饶帮华

社 址：重庆市沙坪坝区大学城西路21号

邮 编：401331

电 话：（023）88617190 88617185（中小学）

传 真：（023）88617186 88617166

网 址：http://www.cqup.com.cn

邮 箱：fxk@cqup.com.cn （营销中心）

全国新华书店经销

印 刷：重庆五洲海斯特印务有限公司

开本：787mm×1092mm 1/16 印张：12 字数：293千
2019年6月第1版 2019年6月第1次印刷
ISBN 978-7-5689-1520-5 定价：59.00元

前　言

　　20世纪80年代，我国服装产业因改革开放得到巨大发展，不仅内销满足8亿人口的需求，而且出口量大大增加。特别是中国加入WTO后，成为世界第一大服装加工出口国。服装出口比例占全球服装出口贸易的30%以上，成为名副其实的服装业世界工厂。服装产业的蓬勃发展，需要大量具备专业知识与经验的从业人员，为满足企业对人才的需求，培养具有基本服装专业知识与生产管理知识的技能型人才成为当前服装职业教育的重要目标。由于服装生产流程长、涉及面广，工作具有高度的综合性与实践性，因此急需一套系统完整的专业教材指导实践。

　　目前，在服装专业的中职教材中，尚没有一本针对服装生产过程与原理进行系统论述的教材。鉴于此，笔者根据自己在服装企业工作的多年经验，撰写了本教材。本教材共设有7个学习任务，以服装生产的基础知识作为教学起点，系统详尽地讲授了服装生产基础知识，服装生产企业的类型与特点，制衣厂的行政架构、厂房与设备配置，服装生产的原材料供应，服装生产的产品类型与特点，服装生产流水线设计和服装生产后期的工作跟进。本教材系统地讲述了服装制造业的整个生产运作流程与专业知识，在每一个学习任务末尾均总结了本任务的学习要点，并布置了堂上作业与实践作业，使学生能够及时巩固知识并通过实践形成技能。

　　在实践作业的布置中，包括三个校外实践作业。在企业生产的前期、中期与后期三个不同阶段及时展开实践教学，使学生在企业运作的真实现场通过"做中学""做中悟"和"做中提高"来体验与掌握工作中必备的知识与技能。

【培养目标】

　　认知目标：使学生了解服装生产企业的整个运作流程及各工作阶段与部

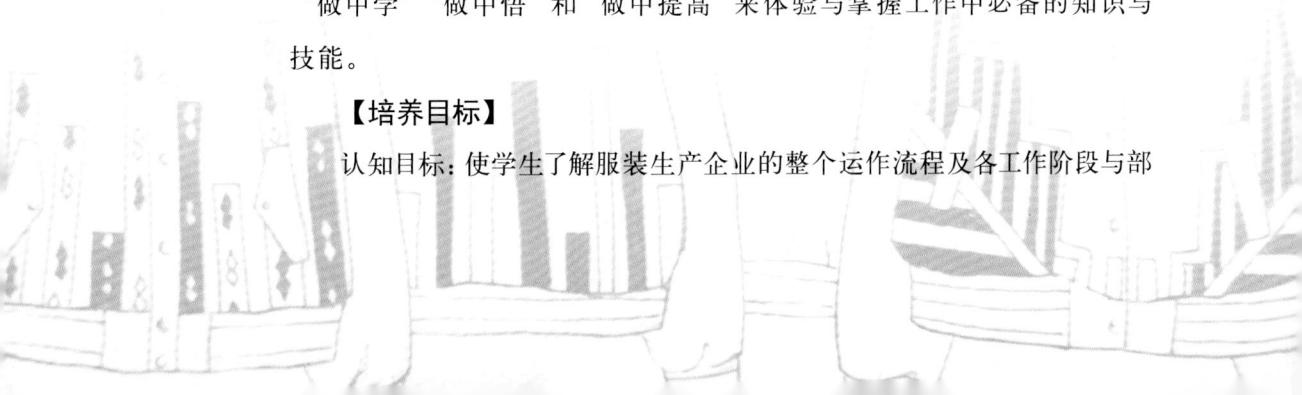

门的工作任务。

能力目标：培养学生具有从事服装生产初级技术管理人员的能力。

情感目标：培养学生良好的职业道德与专业素养。

技能目标：使学生掌握服装生产初级技术管理人员必备的基本技能。

【学习手段】

采用分解学习任务的方式，在每一个学习任务中，通过理论学习—课堂练习—完成课后作业等一系列教学过程，使学生系统掌握必备的知识与技能。

【课时安排】

任务	主要学习内容	理论教学课时	校外实践课时	课时合计
任务一	服装生产基础知识	2		2
任务二	服装生产企业的类型与特点	6		6
任务三	制衣厂的行政架构、厂房与设备配置	4	6	10
任务四	服装生产的原材料供应	6	4	10
任务五	服装生产的产品类型与特点	4		4
任务六	服装生产流水线设计	6		6
任务七	服装生产后期的工作跟进	8	4	12
总复习及作业点评（含机动课时）		4		4
考试		2		2
合计		42	14	56

本教材图文并茂，并辅以生动的案例分析展开教学，具有极强的适用性与可操作性。本教材不仅适用于中等职业学校作为专业课教材，也适用于高等职业学校与本科院校作为必修或选修课教材，还可作为服装制造业专业技术人员与管理人员指导用书。

服装生产领域的理论研究与应用正在不断发展，限于作者能力有限，书中难免有不妥之处，敬请各位专家、读者斧正。

庄鹏姬

2018年1月

目　录

任务一

服装生产基础知识 》》

[任务重点]　①服装生产的定义。

②服装生产的类型与特点。

③服装生产企业运营良好需具备的条件。

[学习课时]　2课时。

 【任务学习】

一、服装生产的定义

服装生产是指从事服装产品生产制造的整个过程。从研发新产品开始，历经制订生产计划、选购原材料、安排整个生产流水线、制作过程质量监控与生产进度跟踪，再到成品完成、对产品进行检验质量、产品包装、装箱、进仓、接受尾期质量检验评估，一直到合格品出厂、运输到指定的收货地点的全过程。这一系列的具体工作是由服装厂（或称制衣厂）作为生产主力来完成的。

二、服装生产的类型与特点

从事服装生产的制衣厂有多种不同类型，按照其生产任务的来源以及产品的销售方向这两大要素来划分，可分为以下四大类型八小类（表1-1）。

表1-1 制衣厂的4种主要类型

	接单生产型	接单生产型	自主研发品牌型	自主研发品牌型
内销主导型	以内销为主的 接单生产型 FOB 生产型 / 来料 加工型			
出口主导型		以出口为主的 接单生产型 FOB 生产型 / 来料 加工型		
内销主导型			以内销为主的 自主研发品牌型 本厂 生产型 / 外发 生产型	
出口主导型				以出口为主的 自主研发品牌型 本厂 生产型 / 外发 生产型

1.按工作任务的来源分

任何生产经营活动都是从布置工作任务开始的。按工作任务的来源，制衣厂可分为接单生产型和自主研发品牌型两大类。

（1）以接单生产型为主的制衣厂

接单生产型是指该制衣厂的工作任务主要来源于从客户那里获取订单，严格按照客户订单的要求开展产品的生产制造，跟进整个生产过程，最终保质、保量、准时交货。接单生产型的企业，其与客户所签下的订单内容中有很详细、具体的产品要求，包括产品的款式细节、产品数量、成品规格、工艺要求、产品的色彩搭配、产品使用的面料与辅料、遵循的质量检验标准、包装与装箱的方法，以及交货时间、交货地点与货款支付方式等。签下订单以后，制衣厂需要围绕订单的要求展开生产，在各个生产环节都必须严格按照订单要求完成任务，最终保质、保量、准时交货。

一般来说，采用这种经营模式的工厂，产品出厂后的销售给工厂带来的风险较小。如果产品销量很好，会给工厂增加订单，这对工厂是有利的；如果产品销量不理想甚至滞销，这种面临亏损的风险主要是由客户自己承担。制衣厂只要能够严格按照订单要求做到保质、保量、准时交货，如果客户不是违法经营或者恶性欺骗经营，一般都可以达成交易，收到货款。因此，从成品的终端销售状况对企业经营业绩的影响来看，以接单生产型为主的制衣厂所面临的销售风险较小。

但凡事都有两面，这种经营模式的制衣厂一旦与客户签订了订单，就必须严格按照订单要求实施生产，产品的质量、数量与交货期都不能随便变更，除非经得客户的同意。如果生产的产品质量达不到要求，或未能按照预定的交货期交货，或未能如期把货品运输到指定的收货地点，均属于违约行为，制衣厂违反了订单的约定，需要依法承担违约责任。

在整个生产过程中，需要很多部门环节的配合才能完成产品的生产，这是一个需要团队集体完成的工作。虽然生产中有可能会遇到意料之外的情况，影响生产的顺利进行，但不管怎样，制衣厂都需要按照订单的要求排除万难、解决问题，最终保质、保量、准时完成。因此，这种经营模式在生产过程中受订单的限制较多，可以变通的空间较小。

（2）以自主研发品牌型为主的制衣厂

自主研发品牌型是指制衣厂自行研发一个服装品牌，自行开发新产品，自行决定产品的款式、色彩、成品规格、原材料、包装与装箱方式、产品生产的数量、出厂期、售卖的价格及销售策略等，这些要素全部都由该制衣厂自己决定。生产什么类型的产品、产品生产多少数量、产品销往哪里、目标消费群是谁、什么时候推出市场、卖多少钱，这些都可以根据市场的变化而弹性变化，企业有着极大的自主权。

但是，这些经营模式的制衣厂在自主研发的同时，也需要承担自负盈亏的风险。即产品推出市场后若很受欢迎，则会给制衣厂带来盈利；相反，如果产品出现严重滞销且持续时间很长，制衣厂则需要面对亏本甚至倒闭破产的风险。

与以接单生产型为主的企业相比，采取这种经营模式的企业制订经营策略的弹性较大，自主性较强；但是盈亏自负，面临的经营风险也更大。

2.按产品的销售去向分

任何生产出来的产品，都有预定的目标消费群。按照产品生产出来后的销售去向，以国家为分界线，制衣厂可分为内销主导型和出口主导型两大类。

（1）内销主导型的制衣厂

内销主导型的制衣厂，生产出来的产品主要销往国内（包括省内与省外）。我国有14亿人口，有巨大的服装消费需求。这类工厂的目标消费群主要是居住在中国的公民，也包括居住在中国的外籍人士。因此，产品的款式、色彩与成品规格等，都应主要根据中国人的审美、生活习惯与体形特点来制订。

根据工作任务的来源不同，内销主导型的制衣厂既有以自主研发品牌型为主的工厂，也有以接单生产型为主的工厂。规模较大的工厂，往往有较强的资金实力，能够在品牌开发上下重本，通常会研发自己的品牌，力求以具有自身特色风格的产品来获得消费者的认可，占领服装销售市场。而规模中等或较小的工厂，受自身资金实力与人才实力等条件的制约，大多是以接单生产型或来料加工的经营模式为主。

（2）出口主导型的制衣厂

出口主导型的制衣厂，生产出来的产品主要销往国外（包括亚洲、欧洲、美洲、大洋洲等）。主要通过国际贸易获得订单来开展生产经营活动。20世纪90年代，随着改革开放政策的深入，中国制造的服装出口量大大增加。特别是中国加入WTO后，成为世界第一大服装加工出口国，服装出口比例占全球服装出口贸易的30%以上，成为名副其实的"服装业世界工厂"。《2017—2023年中国运动服装行业发展趋势及投资战略研究报告》显示，据海关统计，2016年我国累计完成服装及衣着附件出口1 594.47亿美元，服装出口数量为295.93亿件。2016年，亚洲仍是我国服装出口的第一大洲，占出口总额的36.68%；第二是欧洲，占出口总额的27.97%；第三是北美洲，占出口总额的22.58%。2016年服装出口金额位列前四名国家和地区依次是欧盟、美国、日本与东盟。

3.按生产加工方式分

按生产加工方式的不同，制衣厂的经营模式还可以进一步细分为FOB生产型、来料加工型、本厂生产型和外发生产型4种。前两种多见于接单生产型企业，后两种则在自主研发品牌型与接单生产型企业均有。

（1）FOB生产型

FOB（Free On Board）也称离岸价，是国际贸易中常用的贸易术语之一。按离岸价进行的交易，买方负责派船接运货物，卖方应在合同规定的装运港和规定的期限内将货物装上买方指定的船只，并及时通知买方。货物在装运港被装上指定船时，风险即由卖方转移至买方。

FOB生产型指制衣厂从采购原材料开始，贯穿整个生产制造过程，一直到将产品运输到指定收货地点的生产方式。这种生产方式常见于接单生产型，产品在报价时需包括从材料采购到运输的全部费用。这是中型以上制衣厂尤其是大型制衣厂主要采用的生产方式。

（2）来料加工型

来料加工是指制衣厂不需自行采购材料，而是由客户提供生产产品的原材料，工厂只负责进行中间制作过程的生产制作加工。这种生产方式基本上属于接单生产型属下的一种分支，多见于中小型或微型制衣厂。制衣厂的规模越小，资金实力越薄弱，生产能力越低下，越多采用这种生产方式。有时候当原材料是进口的、费用昂贵时，客户对中型企业甚至大型企业也会采取来料加工的方式进行合作。

（3）本厂生产型

本厂生产是指产品从新产品研发、采购材料、完成产品的整个生产过程，一直到将产品运输到指定收货地点，全程都由本厂自行组织完成的生产方式。这种生产方式是最基本、最常见的生产方式，多见于自主研发品牌型的制衣厂，接单生产型的大、中型的制衣厂，以及生产任务不太充足的制衣厂。

（4）外发生产型

外发生产是指该制衣厂工作任务充足，但人力、物力现阶段已经饱和，产能不足，为了在限期内完成工作任务，准时交货，而将部分生产任务承包外发给兄弟厂进行加工的生产模式。这种生产模式可进一步分为两类：

一类是暂时性的、阶段性的、被动的。一旦工作任务趋向供需平衡，制衣厂就会将外发转移出去的产品收回来自己生产，尽可能利用自身资源，避免成本增加造成浪费，这种属于临时救急型的外发生产。

另一类是长期的、主动的。制衣厂从事外贸出口生意，有长期的大量利润高的订单，将部分订单长期外发到其他小型企业帮忙生产，并从中赚取差价。这属于盈利型的外发生产。

【堂上作业一】

请通过以下制衣厂的网站介绍，判断该制衣厂的生产类型。

> 广东庄姿妮时装有限公司成立于1999年，是广东省纺织品进出口股份有限公司旗下的一家集设计、生产、销售于一体的品牌女装企业，GIORGIO GIULINI是庄姿妮公司强势推出的一个女装主导品牌，"简约、优雅、自然、自信"的设计理念，满足了都市女性塑造时尚、优雅、自信的需要。

该制衣厂生产类型是（　　）。

A.接单生产型　　　　　B.自主研发品牌型

我公司创建于2000年（前身为天津市思婷内衣有限公司），是集设计、生产、营销多方面为一体的专业服装制造公司。公司在天津拥有厂房3 200 m²，员工近260人，机器设备280台套，年生产能力160万件。另外，在山东省的分工厂拥有厂房2 000 m²，员工近160人，机器设备180台套，年生产能力140万件。公司生产五大类产品。泳衣类：男、女、儿童泳衣、泳裤，比基尼，冲浪服。内衣类：文胸、收腹裤、束身衣、健美衣、韵律服、男女内裤、丁字裤、吊裙、纱裙。梭织类：衬衣、童装、家居服、睡衣套、围裙、沙滩裤。针织类：时装、秋衣、秋裤、文化衫、自行车服、休闲服、运动服、瑜伽服。其他：针织梭织混合服装、宠物服等。公司产品70%销往日本，20%销往其他国家。2008年，我公司通过日本万代公司验厂认证。公司自成立以来，承蒙国内外新老客户的大力支持和帮助，已有了飞跃的发展，产品无论在质量上、款式上、价格上都得到客户的认可。公司本着为全球消费者制作精美、质佳的产品为目标，以质量第一、信誉第一、严格的交货期、合理的加工价格为宗旨，竭诚为客户服务。

该制衣厂生产类型是（　　）。

A.接单生产型　　　　　B.自主研发品牌型

中山迈堡罗服装厂是一家集设计、生产、销售于一体的现代化服装企业，旗下的服装品牌"迈堡罗·使徒"以独具个性、崇尚流行的消费者为对象，精心的设计、高品质的面料、超凡卓越的专业制造工艺使每一件服装都成为精品，彻底将时尚融入"迈堡罗·使徒"的时尚生活中。公司拥有一批高素质的员工队伍和良好的经营理念，独具匠心的设计，精益求精的制作，科学规范的管理，创新完善的营销理念，积极开拓市场，树品牌，以人为本赢得市场，得到服装界同仁的青睐。欢迎新老客户光临指导，洽谈合作。

迈堡罗勇往直前，开拓服饰文化新纪元，公司衷心期望与您携手共进。

该制衣厂生产类型是（　　）。

A.接单生产型　　　　　B.自主研发品牌型

广州市白云区鸿涛服装厂与广州市注释服饰有限公司为同一品牌旗下的公司，2006年创建于中国广东，是集产品研发设计、生产及营运、销售于一体的服饰集团企业。具有独特品牌文化理念、先进经营管理系统和深厚企业文化底蕴，致力于品牌与艺术风格的结合，注重细节与品质感，在原料、款式、色彩等方面发掘和塑造独立的个性。公司总部现有员工近400名，销售网络覆盖全国主要城市、地区，拥有加盟店铺、省级代理商近220家，以年销售额平均增长30%以上的速度在服装行业占据一席之地，2013年获评"广东十佳女装品牌"企业，得到了市场和行业的双重肯定。

该制衣厂生产类型是（　　）。

A.接单生产型　　　　B.自主研发品牌型

广州市捷进制衣厂有限公司创建于1990年8月1日，2002年初加盟联泰国际集团有限公司。本厂采用欧美先进的管理模式与技术设备，主要生产欧美著名品牌女性时装和睡衣，如Victoria's Secret、Calvin Klein等。捷进制衣厂在集团的支持下为世界各地客户提供一站式服务，公司拥有一支高效、团结、进取的管理团队和高素质技能的员工队伍，现有员工2 000多名。公司实行世界级的员工关怀体制，为员工提供完善的福利制度和广阔的个人发展及成长空间。

该制衣厂生产类型是（　　）。

A.接单生产型　　　　B.自主研发品牌型

三、服装生产企业运营良好需具备的条件

服装生产企业要想在激烈的市场竞争环境下生存下来并取得发展，离不开一定的条件，总的来说就是开源节流和建立竞争优势。开源节流是指对内控制好成本支出，对外争取更多的订单任务。自主研发品牌型企业需要根据市场的需要，设计开发出符合市场需求的新产品，并大力拓宽销售渠道，以满足消费者的需求，保证企业有稳定的、长期的、能够维持企业生存和发展的利润空间。同时，企业要想在市场竞争中胜出，就必须建立自身的竞争优势，才能在激烈的商战中立于不败之地。

1.开源节流

如何"开源"？对于接单生产型的制衣厂，应尽可能地多联系一些客户，多接一些有利润的订单。对于以出口为主的企业来说，人民币国际汇率的贬值，有利于以美元结算的中国服装外贸出口，订单也会相应增加。对于以内销为主的接单生产型制衣厂，也应尽可能地物色更多的客户，保证订单和生产任务的充足。

如何"节流"？企业要想有效地控制经营成本，就应充分利用现有资源，合理使用，尽可能地物尽其用，避免浪费。构成经营成本的因素很多，包括厂房租金、设备购置与保养、人力成本（管理人员、专业技术人员、生产一线的工人等）、原材料购置成本、物流运输成本、日常水电经营成本、企业排污费等，都是构成经营成本的要素。企业应建立杜绝浪费、合理高效利用资源的科学机制，切实地控制好运营成本。

2.建立竞争优势

在服装生产企业中，竞争优势主要体现在以下几个方面（图1-1）。

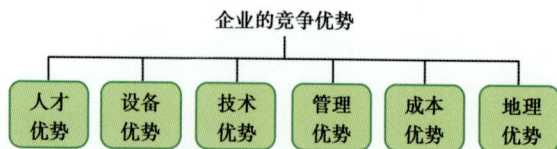

图1-1　企业的竞争优势

（1）人才优势

企业的员工，上至厂长下至一线工人，都是企业宝贵的人力资源。评价员工的综合素质，主要包括其受教育程度、技术水平、工作经验的丰富度、对企业的忠诚度、责任心、团队合作精神等。这些要素越高，员工的综合素质就越好。一家企业员工的整体综合素质越高，企业的竞争力就越强。因此，有远见的企业，都会高度重视人才招聘、人才任用、人才考核以及人才培养。

（2）设备优势

所谓"工欲善其事，必先利其器"，没有好的设备与工具，是不可能生产出高质量的产品的。服装生产企业根据所生产的产品的类型不同，需要配备不同的设备。

按照生产时间的先后时段，可分为缝前设备、缝中设备和缝后设备三大类。

按照机器使用的频率，可分为基础设备和特种设备两大类。基础设备是指保证常用产品生产的设备，如高速平缝机、高速包缝机、熨烫设备等；特种设备是指并非每一类产品都需要使用到，但具备特殊性能与特点，可以满足产品特定的生产工艺需要的设备，如生产牛仔类产品所需要的撞钉机、鸡眼机，用于睡衣、内衣领口与袖口特殊效果的花边机、打牙机等。

设备的研发与供应在不断进步，新发明的具有突破性技术革新的新设备也层出不穷。企业要在市场上立于不败之地，需要密切留意设备供应的发展，根据需要定期更新设备，以保持产品的高质量与较高的生产效率。一般情况下，生产设备越先进，生产效率越高；生产设备的功能越落后，出现故障的可能性越高，生产效率越低。

（3）技术优势

不同类型的服装产品，在生产时有着不同的生产难度，因此有不同的技术要求。企业员工所掌握的技术能力越强，能够生产的产品类型就越多，能够适应的生产范围就越广。一家企业的综合技术优势越强，越能够适应市场的需求，快速优质地生产出符合消费者需求的产品。对于服装生产企业来说，体现技术优势的部门主要分布在生产技术部、版房、生产车间和维修部。这些部门集中了大部分的技术人才，是企业的核心技术部门。

（4）管理优势

管理是指在特定的环境条件下，以人为中心，通过计划、组织、指挥、协调、控制及创新等手段，对组织所拥有的人力、物力、财力、信息等资源进行有效的决策、计划、组织、领导、控制，以期高效地达到既定组织目标的过程。企业的管理水平越高，对资源的综合整合能力就越强，工作效率就越高，市场竞争力也越强。

（5）成本优势

人们要进行生产经营活动或达到一定的目的，就必须耗费一定的资源，其所费资源的货币表现及其对象化称为成本。在服装生产企业中，成本优势主要体现在采购成本优势与运营成本优势两方面。

采购成本要具备优势,关键在于采购部门能不能以优质合理的价格采购到需要的材料。通常,与优质的材料供应商建立长期良好的合作伙伴关系有利于控制与降低采购成本。

运营成本要具备优势,与管理水平密切相关。通常,管理水平越高,运营成本越低。

(6)地理优势

服装生产企业在产品的整个开发、生产与销售过程中并不是孤立存在的,而是需要上下游供应链的配合才能完成生产任务。如果服装生产企业的上游供应商与下游销售商在一个较为接近的区域里,那么运输成本、沟通成本就会比较低,信息获取也更为快捷,这样就具备了一定的地理优势。

中国的服装产业主要有两大生产区,一个是位于浙江省与江苏省的长江三角洲,另一个是位于广东省的珠江三角洲。这两大地域汇集了中国60%以上的服装生产企业。例如在广东省省会广州市,有一个华南地区规模最大的服装原材料批发市场,即位于广州市海珠区新港中路的中大轻纺城。这是一个集交易、展示、办公、信息发布、会展等多种功能为一体,经营品种涵盖面料、辅料和家纺的大型现代化纺织品专业市场。在这个轻纺城周边区域,汇集了大量的服装生产企业。这些建立在这个轻纺城附近的服装生产企业,在原材料采购与信息的获取上,具备了很好的地理优势。

【堂上作业二】

图1-2为一家制衣厂的4个生产车间的现场图,请仔细观察并回答问题。

(a)A车间

(b)B车间

(c)C车间

(d)D车间

图1-2　某制衣厂的生产车间情景

①你认为以下4幅图，哪一个生产车间的管理更好，产品质量更能保证，为什么？

②你认为图中存在哪些问题与隐患？为什么这样认为？这可能造成什么后果？请将你发现的问题填写在表格内。

③进一步尝试思考：如果你是这个车间的负责人，你将会怎样整顿该车间，从而达到有效利用现有条件，消除隐患、提高质量、降低成本的目的？请将你准备采取的措施填写在表格内。

发现问题的车间编号：

序号	存在问题的地方	存在问题描述	尝试分析原因	试列出改进措施
1				
2				
3				
4				

【任务学习要点】

(1) 服装生产的定义是什么？

(2) 服装制衣厂主要分为哪几种类型？

(3) 什么是接单生产型制衣厂？

(4) 什么是来料加工型制衣厂？

(5) 什么是FOB？

(6) 接单生产型经营模式的优势与劣势在哪里？

(7) 自主研发品牌型经营模式的优势与劣势在哪里？

(8) 自主研发品牌型的制衣厂通常具有什么共同点？

(9) 服装生产企业要在市场竞争中立足，应当建立哪些方面的竞争优势？

【实践作业一】

请按照"女装、男装、童装"自选一个品类，在其中一个品类中选出5个你所认识的以自主研发品牌型为主的制衣厂，通过企业网站与专卖店对其产品的风格类型进行调研，填写下表（用Excel软件制作）并尝试总结出其中的共同之处。将表格在指定时间统一发送到老师指定的邮箱，文件名保存为"1-班级-姓名-学号最后两位数"。

目的：通过对5个以自主研发品牌型为主的制衣厂的调研，了解他们是怎样根据自身的特点来展开经营的，并通过归纳这5家企业的共同生产特点，进一步深入理解服装生产的内涵。

自主研发品牌型制衣厂调查表

品类	制衣厂名称	经营自有服装品牌	品牌所属类别	品牌产品所属档次	目标消费群	是否有专卖店	制衣厂规模	制衣厂所在地址	制衣厂网站
1									
2									
3									
4									
5									
小结									

这五家以自主品牌经营型为主的企业的生产特点：

①

②

③

④

⑤

得分：_____

教师：_____

【本任务评分标准】

序号	评分项目	分数/分	评价等级				得分
			A级	B级	C级	D级	
1	样本具有代表性	20	20	16	12	8	
2	资料翔实清晰	20	20	16	12	8	
3	数据录入无误	20	20	16	12	8	
4	小结能突出要点	20	20	16	12	8	
5	熟练操作Excel软件	20	20	16	12	8	
合计		100					

任务二
服装生产企业的类型与特点 》

[任务重点]　①认识制衣厂的不同类型与特点。

②认识产业链上游的类型与特点。

③认识产业链中游的类型与特点。

④认识产业链下游的类型与特点。

[学习课时]　6课时。

>>>>>>>> **【任务学习】**

一、认识制衣厂的不同类型与特点

在任务一中我们学习过,服装生产企业有多种不同的经营模式:从工作任务来源可分为接单生产型与自主研发品牌型两大类,从产品的定点销售方向可分为内销主导型与出口主导型两大类,从生产模式可分为FOB生产、来料加工、本厂生产与外发生产4种。

下面,我们从制衣厂的规模大小与企业性质来看看制衣厂的不同类型及其特点(表2-1)。

表2-1　制衣厂的4种主要类型

工厂规模 / 工厂性质	微型制衣厂 50人以下	小型制衣厂 50~150人	中型制衣厂 150~500人	大型制衣厂 500~1 500人	特大型制衣厂 1 500人以上
民营企业	很多	很多	很多	较少	很少
合资企业	很少	很少	较多	较少	很少
国有企业	几乎没有	很少	较多	较少	很少
外资企业(非欧美)	几乎没有	较多	较多	较少	很少
外资企业(欧美)	几乎没有	较多	较多	很少	很少

1.按制衣厂的规模分

(1)微型制衣厂

微型制衣厂是指该制衣厂的从业人员规模在50人以下(含管理人员、专业技术人员与一线生产工人)。这类规模的微型制衣厂多分布在沿海地区城乡交界处,以乡镇企业与民营企业居多。在中国广东省广州市海珠区的中大轻纺城附近,如客村、鹭江、瑞宝乡等地,就有大量这种规模的微型制衣厂。由于其规模小、产能低,资金薄弱,多以来料加工为主。

(2)小型制衣厂

小型制衣厂是指该制衣厂的从业人员规模在50~150人(含管理人员、专业技术人员与一线生产工人)。这类规模的小型制衣厂多是由微型制衣厂发展而来,起步之初以来料加工为主,由于大环境的利好及企业主的经营有方,有些声誉良好的小型制衣厂渐渐有了长期、稳定的订单客源,逐步发展为FOB模式的接单生产,企业规模也开始扩充。

(3)中型制衣厂

中型制衣厂是指该制衣厂的从业人员规模在150~500人(含管理人员、专业技术人员与一线生产工人)。这类规模的中型制衣厂多分布在沿海地区城乡交界处的工业区。例如在广东省广州市海珠区、白云区、番禺区等就有很多这种规模的中型制衣厂。一般来说,这种规模的制衣厂有稳定的客户源与订单源。有的制衣厂以生产出口订单为主,有的则以生产内销订单为主,也有的是出口、内销一起生产。当规模在300人以上，完成接单生产任务时，企业主一般会考虑开发部分内销品牌。

（4）大型制衣厂

大型制衣厂是指该制衣厂的从业人员规模在500~1 500人（含管理人员、专业技术人员与一线生产工人）。这类规模的大型制衣厂多分布在二、三线城市的大型工业区。例如在广东省东莞市、中山市、顺德区、深圳市等地此类规模的制衣厂较多。但在一线省会城市广州的白云区、番禺区等也有少量这种规模的制衣厂。一般来说，大型制衣厂已经形成一套系统的生产模式与管理模式，制度规范、产能高、员工较稳定、流动率较低，有稳定的客户源与订单源。有的制衣厂以生产出口订单为主，有的则以生产内销订单为主，也有的是出口、内销一起生产。

规模在500人以上的大型制衣厂，除了完成订单生产任务，企业主基本上都会考虑开发自有的内销品牌，在研发自有产品上投入较多的资金。

（5）特大型制衣厂

特大型制衣厂是指该制衣厂的从业人员规模在1 500人以上（含管理人员、专业技术人员与一线生产工人）。这类规模的特大型制衣厂目前在服装行业已经占比很少，就其所在的地理位置来看，多分布在二、三线城市的大型工业区。出于厂房租金昂贵等原因，在一线大城市已经极为少见。特大型制衣厂早已形成一套系统的生产模式与管理模式，制度规范、产能高、员工较稳定、流动率较低、岗位细分化，有稳定的客户源与订单源。有的制衣厂多是复合经营模式，既生产出口订单，也生产内销订单，同时还有自己研发的品牌。采用这种复合经营模式的优势在于，当淡季订单任务不足导致工人面临停工待料的状况时，企业主可以通过内部调整生产来平衡产能需求的不足。

2.按制衣厂的性质分

（1）民营企业

民营企业是指除国有独资、国有控股外其他类型的企业，只要没有国有资本，均属民营企业。"民营"是具有强烈中国特色的词汇，从狭义说，民间资产特指中国公民的私有财产，不包括国有资产和国外资产（境外所有者所拥有的资产）。因此，民营企业是指在中国境内除国有企业、国有资产控股企业和外商投资企业以外的所有企业，包括个人独资企业、合伙制企业、有限责任公司和股份有限公司。从企业的经营权和控制权的角度看，含一小部分国有资产和（或）外商投资资产，但不具企业经营权和控制权的有限责任公司和股份有限公司亦可称为民营企业。

（2）合资企业

合资企业是指中外合资企业。中外合资经营企业是由中国投资者和外国投资者共同出资、共同经营、共负盈亏、共担风险的企业。外国投资者可以是企业、其他经济组织或个人。中国合营者目前只限于企业、其他经济组织，不包括个人和个体企业。经审查机关批准，合营企业是中国法人，受中国法律的管辖和保护。它的组织形式是有限责任公司。目前，合营企业还不能发行股票，而采用股权形式，按合营各方的投资比例分担盈亏。

（3）国有企业

国有企业是指企业全部资产归国家所有，并按《中华人民共和国企业法人登记管理条例》规定登记注册的非公司制的经济组织，不包括有限责任公司中的国有独资公司。国有企业是在社会化大生产条件下，为弥补市场失灵，在制度、目标和管理诸方面具有特性的现代契约组织。它的内涵是资产属于全民所有，由政府占有终极所有权的企业。

（4）外资企业（非欧美）

外资企业又称外商独资企业，是指依照中国法律在中国境内设立的全部资本由外国投资者投资的企业。外资企业的外国投资者可以是外国的企业、其他经济组织和个人。外资企业依中国法律在中国境内设立，因此不同于外国企业和其他经济组织在中国境内的分支机构。外资企业是一个独立的经济实体，独立经营，独立核算，独立承担法律责任。在组织形式上，外资企业可以是法人，也可以是非法人实体，具备法人条件的外资企业，依法取得法人资格，其组织形式一般为有限责任公司，外国投资者对企业的责任以其认缴的出资额为限。不组成法人组织的外资企业，可以采取合伙和个人独资的形式，这里的合伙指由两个或两个以上外国的法人或自然人共同出资在中国境内设立企业，其法律依据类推适用《中华人民共和国民法通则》关于个人合伙和企业联营的规定。个人独资企业则是指由一个外国投资者依法在中国境内投资设立的企业，外国投资者对企业债务负无限责任。"非欧美"是指不包括欧洲和美国。

（5）外资企业（欧美）

外资企业（欧美）是指外国投资者是来自欧洲与美国的企业。

练一练

（1）请通过以下制衣厂的文字介绍，判断该制衣厂的类型。

广州衣美饰制衣厂是一家常年从事服装设计/贴牌/生产的民办企业，2002年成立于深圳，设有600人的生产基地，能满足不同客户的订单贴牌生产需求。本厂凭着良好的商业信誉，以一流的产品品质，赢得了客户的认可与广大消费者的喜爱。该厂已与7个著名服装品牌建立了长期的合作关系。

亚曼尼思（广州）有限公司总部设于美国纽约，在美国已有40年的历史。随着业务的不断拓展，于1999年在中国广州开设贸易公司。中国分公司经过20多年的发展，已成长为一个集设计、加工、生产、销售于一体，经营涉及国际贸易、纺织印染等多领域的综合性企业。目前，公司办公及生产面积1万多平方米，员工500多人。

该制衣厂的规模属于（　　　　）

该制衣厂的性质属于（　　　　）

该制衣厂的规模属于（　　　　）

该制衣厂的性质属于（　　　　）

广东省纺织品进出口股份有限公司是一家有超过60年经营历史，集贸易、设计、生产、服务于一体的科工贸相结合的国有现代化外贸纺织服装公司。公司下辖16家经营单位，员工500多人，近年年销售总额均超过100亿元，成为广东省大型骨干企业的一员。

东莞艾尚服饰有限公司成立于2009年，位于中国时装名城虎门镇。办公面积约1 500 m²，是一家集服装设计、生产制造和电子商务于一体的年轻而充满活力的服装企业。公司产品主要以时尚大码女装为主，公司突破"销售至上"的经营理念，提出"诚信立足、管理至上"的经营原则。员工规模50~150人。

该制衣厂的规模属于（　　　　）

该制衣厂的性质属于（　　　　）

该制衣厂的规模属于（　　　　）

该制衣厂的性质属于（　　　　）

（2）请将左边的企业规模与右边的特征的相关性用线条连接在一起。

| 大型制衣厂 | 该制衣厂的从业人员规模在1 500人以上（含管理人员、专业技术人员与一线生产工人）。 |

| 中型制衣厂 | 该制衣厂的从业人员规模在50人以下（含管理人员、专业技术人员与一线生产工人）。 |

| 微型制衣厂 | 该制衣厂的从业人员规模在50~150人（含管理人员、专业技术人员与一线生产工人）。 |

| 特大型制衣厂 | 该制衣厂的从业人员规模在500~1 500人（含管理人员、专业技术人员与一线生产工人）。 |

| 小型制衣厂 | 该制衣厂的从业人员规模在150~500人（含管理人员、专业技术人员与一线生产工人）。 |

【堂上作业】

请思考一下特大型制衣厂的数量在中国服装企业中占比很少的原因，并列出三条或三条以上你认为的主要原因写在表格内。

	原因分析
1	
2	
3	
4	
5	

二、认识产业链上游的类型与特点

服装生产运营是一个集上游原材料供应、中游服装产品生产以及下游的产品运输与销售于一体的有机体。要全面认识服装生产，就需要全面了解这条产业链。服装生产产业链的上游，主要是指原材料供应，可细分为面料供应与辅料供应两大部分。

服装的原材料供应商主要包括面料供应商与辅料供应商。联系制衣厂与原材料供应商之间的人员叫作采购员。在规模较大的企业，通常会单独设立采购部，采购员隶属于采购部；规模较小的企业，采购员隶属于生产部；在微型企业（50人以下），很多时候是直接由老板或老板助理负责采购。

采购员的日常工作流程：

①从服装跟单员那里接到"产品设计制造单"。

②审核消化"产品设计制造单"，确定需要采购的样板原材料。

③货比三家，物色合适的材料供应商。

④下单订购制版材料，包括制版的版布及所需要的辅料。

⑤样板得到客户确认后，上报材料采购成本给跟单员，跟单员与客户进行造价谈判。

⑥跟单员提供客户拟投入生产的订单总数量，采购员与供应商协调成本与交货期。

⑦客户正式下订单，采购员审核订单，根据数量确定采购量。

⑧联系供应商，进行采购价格的二次谈判。

⑨谈判敲定，采购员正式向原料供应商下达采购单。

⑩采购员跟进供应商的原材料生产进度。

⑪采购员跟进，保证供应商的原材料准时送达制衣厂。

⑫原材料进厂，采购员对原材料的进厂检验进行跟进。

⑬就进厂检验时发现的质量不合格的原料与供应商联系并处理。

⑭跟进生产过程中有必要的原材料增补。

⑮生产结束后，跟进原材料余料的处理。

⑯定期根据仓库盘点，整理本制衣厂的原材料库存数量，进行月度、季度汇报。

⑰定期评估供应商。

1.服装面料供应商

服装面料供应商是指为制衣厂供应面料的商家。从事售卖面料给客户的工作人员通常叫作面料业务员或面料跟单员。

面料业务员的工作地点主要有两种：一种是在纺织厂（面料厂）的业务部，另一种是在批发市场的柜台。

例如，位于东莞、中山、佛山等周边城郊的纺织厂（面料厂）的面料业务员属于第一种类型，他们根据客户（制衣厂）的订单安排面料生产。而在广州市的面料业务员则属于后者，通常集中在广州长江（中国）轻纺城和广州国际轻纺城（图2-1）。制衣厂的采购员通常来到这个华南地区规模最大的纺织品批发市场选购合适的面料，面料业务员就成为联系纺织厂（面料厂）与客户的纽带。

（a）

（b）

图2-1　轻纺城

在面料批发市场采购面料常见的交易模式有两种：一种是购买现货，即面料已经预先制好，存放在仓库里，如果客户有需要，可以现场去仓库提取兑现交易；另一种是没有现货，需要下订单进行订购，客户下了订单预付定金后，再安排生产，在客户要求完成的时间内保质保量供应面料给客户。

服装面料的生产流程如图2-2所示。

```
纺纱 → 织布 → 染整 → 匹印 → 热定型 → 检验包装
```

图2-2　服装面料的生产流程

• 纺纱：把纺织纤维加工成纱线的整个工艺过程。"纺"含有将纤维组成条子并拉细加捻成纱的意思，即取动物或植物性纤维运用加捻的方式使其抱合成为一连续性无限延伸的纱线，以便用于织造的一种行为。有些国家也把化学纤维喷丝和蚕茧抽丝称为纺纱（图2-3）。

• 织布：手织布的织造工艺极为复杂，从采棉纺线到上机织布经轧花、弹花、纺线、打线、浆染、沌线、落线、经线、刷线、作综、闯杼、掏综、吊机子、栓布、织布、了机等大小72道工序，全部采用纯手工工艺。可以从22种色线变幻出1 990多种绚丽多彩的图案，靠各种色线交织出各色几何图形来体现意境，通过抽象图案的重复、平行、连续、间隔、对比等变化，形成特有的节奏和韵律，富有艺术魅力。手织布工艺每道工序、每件产品都包含着繁复的劳动，令人叹为观止。在纺织技术飞速发展的今天，手织布工艺流传至今堪称奇迹（图2-4）。

图2-3　纺纱工序

图2-4　织布工序

• 染整：对纺织材料（纤维、纱线和织物）进行以化学处理为主的工艺过程，也称印染。染整同纺纱、机织或针织生产一起，形成纺织物生产的全过程。染整包括预处理、染色、印花和整理。染整质量的优劣对纺织品的使用价值有重要的影响（图2-5）。

•匹印：在整匹面料上进行印花的工艺过程（图2-6）。

图2-5　染整工序

图2-6　匹印工序

• 热定型：利用热力，消除织物纤维在拉伸过程中产生的内应力，使大分子发生一定程度的松弛，使编织纤维固定成型（图2-7）。

• 检验包装：简称验装，是指面料在织造成型，准备出厂之前进行产品质量检验，合格后再进行包装的工艺过程。面料的包装主要为卷装，即将面料围绕着中心轴进行卷装包装（图2-8）。

图2-7　热定型工序

图2-8　验装工序

2.服装辅料供应商

服装辅料供应商是指为制衣厂供应辅料的商家。服装辅料涵盖的范围很广，缝纫线、纽扣、拉链、花边、丝带、装饰绳、扣索、胶章、鸡眼、撞钉、吊牌、拷贝纸、胶袋、衣架、扣针、环形锁、纸箱等都属于服装辅料的范畴（图2-9—图2-15）。

辅料的采购流程与面料采购流程相近。

（a）

（b）

（c）

（d）

图2-9　服装辅料批发市场

图2-10　五金纽扣

图2-11　纽扣制造厂

图2-12 花边制造厂

图2-13 丝带制造厂

图2-14 胶章制造厂

图2-15 纸箱制造厂

╾╼ 练一练 ╾╼

请通过以下图片中正在生产的产品类型，判断该工厂属于什么原材料的供应商。

生产该产品的工厂是（　　　）厂

生产该产品的工厂是（　　　）厂

生产该产品的工厂是（　　　）厂

生产该产品的工厂是（　　　）厂

【实践作业二】

请在下表中列举出8种不同类型的服装面料，并将样本粘贴在相应位置。

	种类1	种类2	种类3	种类4
面料名称				
价格				
幅宽				
供应商地址				
供应商联系电话				
面料样本粘贴处				

	种类5	种类6	种类7	种类8
面料名称				
价格				
幅宽				
供应商地址				
供应商联系电话				
面料样本粘贴处				

【实践作业三】

请在下表中列举出8种不同类型的服装辅料，并将样本粘贴在相应位置。

	种类1	种类2	种类3	种类4
辅料名称				
价格				
供应商地址				
供应商联系电话				
辅料样本粘贴处				

	种类5	种类6	种类7	种类8
辅料名称				
价格				
供应商地址				
供应商联系电话				
辅料样本粘贴处				

三、认识产业链中游的类型与特点

在产业链的中游提供生产支持的供应商主要包括印花厂、绣花厂、洗水厂，这些都是制衣厂的重要合作伙伴。除了男装产品中印花与绣花较少，女装、童装均需要大量图案印花与图案绣花，尤其是童装。在洗水方面，生产牛仔类服装的制衣厂是洗水厂的最大客户。几乎所有的牛仔风格服装都离不开洗水，其图案、肌理、花纹、起绒起毛、破洞等，几乎都是洗水厂的杰作。

1.印花厂

印花厂是指专门从事服装面料或服装半成品裁片印制图案花纹的工厂。按印花工艺设备与制作方法的不同，可分为辊筒印花（图2-16）、筛网印花（图2-17）、数码印花（图2-18）、柯式印花（图2-19）等不同种类。辊筒印花应用于在整匹已经制造成型的面料上印制图案，这种印花工艺多服务于面料厂，生产整匹的印花面料。而筛网印花、数码印花与柯式印花等多应用于服装半成品裁片印花或半成品成衣印花，故这几种印花工艺多服务于制衣厂。其中柯式印花是一种转移材料，有别于其他的直接印花，其使用简便，只需把柯式印花纸的图案放在织物（布片）或被转印物的表面，然后用烫画机（或电熨斗）熨压若干秒后，图案就会直接转印在物体上。

图2-16 辊筒印花机

图2-17 筛网印花机

图2-18 数码印花机

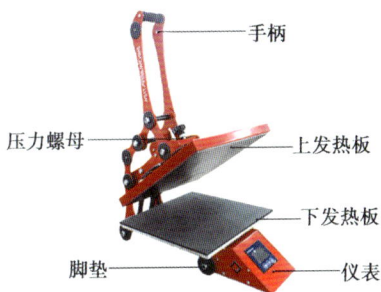

图2-19 柯式印花机

2.绣花厂

绣花厂是指专门从事服装面料或服装半成品裁片绣制图案花纹的工厂。按绣花工具的不同，可分为手工印花和机器绣花两大类。

手工绣花是传统的绣花工艺，至今已有数千年的发展历史。由于手工绣花的生产效率低，随着绣花工业化、自动化的发展，传统的手工绣花绝大多数已被电脑绣花所取代。现在的绣花厂绝大多数为电脑绣花厂。通过电脑设备控制,应用自动化进行批量生产,可以同时绣制一大批产品,效率比手工绣花高几百倍到几千倍。

按绣花的面积大小,可分为匹绣(整匹面料进行绣花)、片绣(在服装裁片上进行绣花)和件绣(在服装成衣上进行绣花)。匹绣应用于在整匹已经制造成型的面料上绣制图案,这种绣花工艺多服务于面料厂。而片绣与件绣则多应用于服装半成品裁片绣花或成品成衣绣花,这种绣花工艺多服务于制衣厂(图2-20)。

(a)

(b)

(c)

(d)

图2-20 电脑绣花机

3.洗水厂

洗水厂是指为面料厂与制衣厂提供成品或半成品洗水工艺加工,使服装面料或服装产品的外观纹理与手感发生有目的的改善的工厂。

洗水是近20年来纺织制衣工业的专有工艺技术名词,起初使用火山石作为洗水的材料,后来又使用粗砂通过物理方法将布料或成衣变得柔软、颜色高雅且产生不规则的花纹。

根据洗水时所采用的辅助材料、洗水温度、添加的化学成分、洗水时间、洗水部位的不同,可以产生极其丰富多变的外观效果,在面料的手感上能够产生软与硬、粗糙与细腻的不同效果。由于产品经过洗水后的效果贴近自然,花纹与颜色带有一定的随机性,没有重复,因此受到时装界的极大欢迎,洗水工艺被大量运用于牛仔布与牛仔类服装的设计生产中(图2-21)。

(a)

(b)

(c)

(d)

图2-21 洗水厂

练一练

（1）A制衣厂主要生产高档晚礼服，B制衣厂主要生产面向年轻人的时尚牛仔服，C制衣厂主要生产高档婴幼儿服装，D制衣厂主要生产高档出口男西装。你认为这些制衣厂分别需要与哪些中游供应商建立长期合作呢？请在下表中对应的地方打"√"，并分析原因。

制衣厂	主要产品类型	印花	绣花	洗水	原因分析
A制衣厂	高档晚礼服				
B制衣厂	面向年轻人的时尚牛仔服				
C制衣厂	高档婴幼儿服装				
D制衣厂	高档出口男西装				

（2）请通过图中正在生产的产品类型，判断以下工厂各是什么类型的中游供应商。

生产该产品的工厂是（　　）厂

生产该产品的工厂是（　　）厂

生产该产品的工厂是（　　）厂

生产该产品的工厂是（　　）厂

四、认识产业链下游物流运输的类型与特点

物流运输指物资流动运输。产品生产出来后，需要先经过包装、装箱、进仓，出厂前客户质检员（以下简称"客户QC"）进仓开箱进行质量抽查，抽查的货品被判断质量合格，然后才能运输到指定的收货地点。物流运输是服装企业运作流程中的下游供应链，是服装产品从制造厂家运输到终端零售店铺的必经过程。

运输必然涉及各种不同的交通工具，运输方式包括公路运输（图2-22）、铁路运输（图2-23）、水路运输（图2-24）和空中运输（图2-25）。在这4种运输方式中，空中运输的成本是最高的。

图2-22　公路运输

图2-23　铁路运输

图2-24　水路运输

图2-25　空中运输

如果制衣厂与约定的收货地点在同一城市，运输问题是很好解决的，通常汽车运输就可以做到。但如果制衣厂与收货地点在异地（不同城市或不同国家），则必须认真选择运输工具。采用不同的运输方式涉及运输成本、运输时间及运输过程安全维护风险等问题，制衣厂需根据实际情况，选择安全、准时、价格合理的运输方式，以保证这一环节能够顺利进行。

练一练

（1）假如制衣厂在广州市番禺区，客户指定的收货地点在广州市越秀区，请问应该选择什么类型的运输方式？为什么？

（2）假如制衣厂在广州市番禺区，客户指定的收货地点在上海市浦东新区，请问应该选择什么类型的运输方式？为什么？

（3）假如制衣厂在深圳市，客户指定的收货地点在海南省，请问应该选择什么类型的运输方式？为什么？

【任务学习要点】

（1）制衣厂按企业规模可分为哪几种类型？

（2）制衣厂按企业性质可分为哪几种类型？

（3）大型制衣厂在生产运营中的优势是什么？

（4）微型制衣厂在生产运营中的劣势是什么？

（5）制衣厂采购员的日常工作流程是怎样的？

（6）原材料供应商主要包括哪几种类型？

（7）服装面料的生产经过什么样的流程？

（8）中游生产供应商主要包括哪几种类型？

（9）印花与绣花存在什么不同？

（10）按交通工具的不同，运输方式可分为哪几种类型？

【实践作业四】

(1) 维尚斯伊内衣服饰有限公司是一家有400人规模, 主要生产各种风格女士内衣的制衣厂。请问该制衣厂在生产供应链的上游、中游与下游, 各需要与哪些供应商建立业务联系? 请将其需要建立业务关系的工厂类型的编号填在下表内。

供应链	供应商1	供应商2	供应商3	供应商4	供应商5
上游供应链					
中游供应链					
下游供应链					
候选供应商:					
A.织布厂　B.洗水厂　C.印花厂　D.绣花厂　E.辅料厂　F.物流公司					

(2) 以下是面料厂的生产运营被打散的各个流程, 请按照生产的先后次序, 将各流程的编号填在下表内。

面料厂的生产运作流程					
第一步	第二步	第三步	第四步	第五步	第六步
候选流程:					
A.染整　B.纺纱　C.织布　D.检验包装　E.匹印　F.热定型					

任务三

》》制衣厂的行政架构、厂房与设备配置 》

[任务重点]　①制衣厂的行政架构配置。

②制衣厂的厂房配置。

③制衣车间的设备配置。

[学习课时]　4课时。

【任务学习】

一、制衣厂的行政架构

一般来说，制衣厂的行政架构是按照20:80的人员比例进行配置的，即20%是技术管理人员，80%是一线生产者。例如一家200人的制衣厂，配置40名管理人员，160名一线工人。在一家中等以上规模的制衣厂内，行政架构图如图3-1所示。

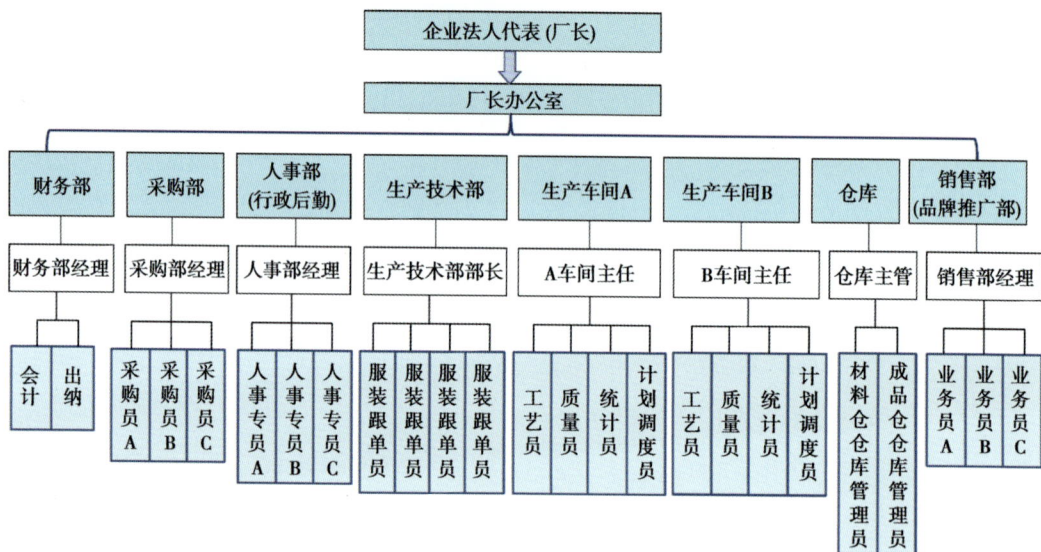

图3-1　某制衣厂的行政架构图

企业法人代表为制衣厂金字塔的顶端，下设厂长办公室，配设厂长秘书或厂长助理。再往下设置财务部、采购部、人事部（行政后勤）、生产技术部、生产车间、仓库、销售部（品牌推广部）等主要部门，各部门各司其职。

1.厂级行政配置

（1）财务部

主要职能：对资产的购置（投资）、资本的融通（筹资）和经营中现金流量（营运资金），以及利润分配进行财务管理的部门。

岗位配置：财务经理、会计师、出纳员等。

（2）采购部

主要职能：负责生产物资采购的部门，包括采购服装面料、服装辅料、生产机器设备、办公文具用品等。

岗位配置：采购经理、面料采购员、辅料采购员、印绣花及后整理（洗水、染整）采购员。

（3）人事部（行政后勤）

主要职能：也称人力资源部，负责员工招聘、岗位分配、上岗前培训、绩效考核、人事管理、五险一金的购买、续聘、解聘等工作。有的企业会把行政后勤部合并入人事部，包括宿舍、食堂、保卫部等部门的管理都列入人事部进行统一管理，也有的企业会把行政后勤作为一个独立的部门来设置，主管宿舍、食堂、保卫、维修、保洁等工作。

岗位配置：人事部经理（人力资源经理）、人事专员、后勤主管、食堂主管、保安队长、维修组主管、宿舍主管、保洁主管等。

（4）生产技术部

主要职能：制衣厂的核心技术部门，如果把整个制衣厂比作人的身体，那么生产技术部所起的作用相当于心脏。一家制衣厂生产技术部实力的强与弱，直接影响整个企业在行业内竞争力的强与弱，进而直接影响整个企业的生存与发展。

生产技术部负责招单（招揽订单）、接单（签订订单）、安排产品的生产计划、跟进整个企业各种产品的生产进度，监督产品的生产质量。生产技术部是企业对内对外的重要桥梁，对外联系客户、发展客户、巩固客户；对内安排、协调各部门进行生产。因此，生产技术部是决定企业生存与发展最重要的技术部门。通常在生产技术部下设置版房，负责根据订单的要求裁剪与制作成衣样板，为成功签订订单以及后续的正式生产做好前期的充分准备，包括生产技术准备和成本核算与控制准备。

岗位配置：生产技术部部长（跟单经理）、资深跟单员、跟单员、跟单助理、版房主管、打版师、车版师等（图3-2）。

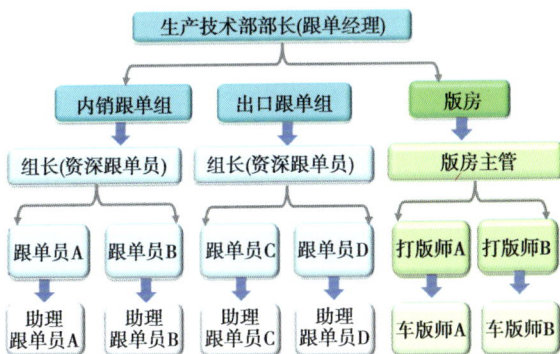

图3-2 某制衣厂生产技术部的行政架构图

（5）生产车间

主要职能：从事产品生产的重要部门，也是制衣厂里职工数量最多、分工最细的部门。一般来说，一个生产车间的人数应控制在100人以内。若总人数超出了100人，应考虑划分为两个车间，以便更好、更高效地实施管理。

岗位配置：车间主任、工艺员（技术主管）、质量员（品控主管）、统计员（劳资员）、计划调度员、各个生产班组的组长及组员（一线生产员工）等（图3-3）。

```
                              ┌──────────────┐
                              │   车间主任    │
                              └──────────────┘
```

工艺员 （技术主管）	质量员 （品控主管）	统计员 （劳资员）	计划调度员
负责制订与跟进生产订单的各种技术文件，合理分解工艺流程，解决生产技术上的问题	负责根据产品特点在适当的工序设置质量控制点，控制与保证产品能够按照订单的要求交货	负责统计每天、每周、每月的生产量，核算各工序的单价，核算职工的工资资金等	负责跟进生产进度，合理安排生产任务，确保订单能够准时按要求交货

裁床组	平车组	包缝机组	绷缝机组	特种机组	后工序组
裁床组组长	平车组组长	包缝机组组长	绷缝机组组长	特种机组组长	后工序组组长
验布工人、裁剪工人	平缝机一线操作工人	包缝机一线操作工人	绷缝机一线操作工人	特种机一线操作工人	查剪、熨烫、检验、包装、装箱、运输工人

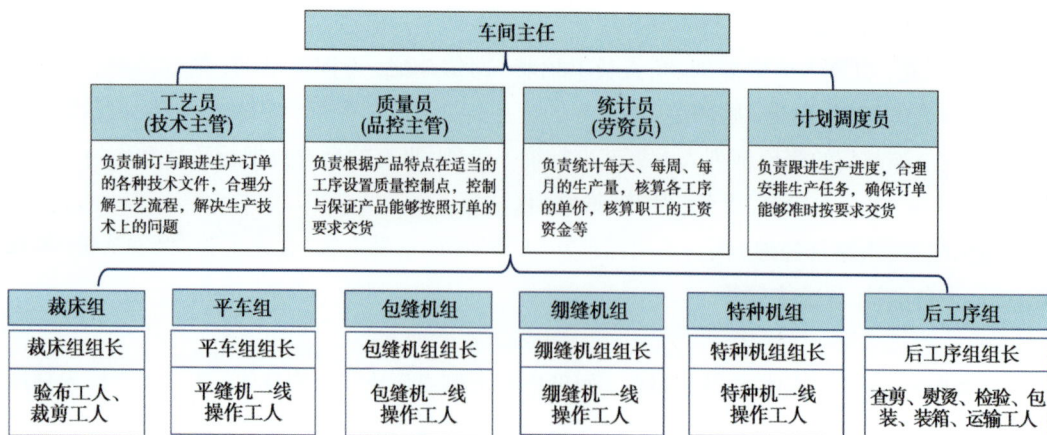

图3-3 某制衣厂生产车间的行政架构图

（6）仓库物流

主要职能：负责物资储存与运输的部门，通常包括原材料仓库和成衣仓库两大类。原材料仓可细分为服装面料仓（布仓）与服装辅料仓，成衣仓可细分为半成品仓与成品仓。

其中，半成品仓位于生产车间内部的后工序组，为了方便运输，通常位于制衣厂一楼的独立仓库。放置的产品为已经包装好、装进纸箱封好箱的、准备运输到厂部成品仓的产品或已经包装好、准备装进纸箱的产品。而成品仓是指储存生产车间已经装好箱运输进来、准备接受客户尾期检验或已经经过客户尾期检验、准备出厂运输到指定地点的产品的仓库。

为了方便运输，通常仓库都配备有电梯。原材料仓与成品仓都会独立配置仓库管理员。

岗位配置：材料仓主管、材料仓仓库管理员、成品仓主管、成品仓仓库管理员、车队队长、车队司机、仓库搬运工等。

（7）销售部（品牌推广部）

主要职能：负责对外接单，尤其是与外国客户接触接出口订单。如果该制衣厂是以经营自有服装品牌为主，则该部门也称品牌推广部，主要负责产品推广、建立品牌形象、大力推销本厂自行设计生产的产品。

岗位配置：销售部经理（品牌推广部经理）、广告专员、陈列专员、店铺室内设计专员、平面设计师、店长、销售员等。

2.车间行政配置

生产车间是一家制衣厂中员工数量最多、设备数量最多的部门，同时也是一家制衣厂最直接从事产品生产的部门。车间里的员工少则数十人，多则数百人。生产车间内部为了更有效、更高效地进行管理，通常会进一步划分班组。

在生产车间里，最高负责人通常称为车间主任，在车间主任之下设立四大员：工艺员、质量员、统计员与计划调度。这四大员是车间生产的核心技术管理骨干。技术骨干下面，根据生产设备的类型与工序类型划分班组，通常会划分为裁床组、平车组、包缝机组、绷缝机组、特种机组与后工序组（图3-3）。

（1）车间主任

车间主任主管整个生产车间的人事安排、生产安排、设备管理、技术保持与革新，围绕订单（生产任务）来展开生产，合理调配人手，保质、保量、准时、安全地完成生产任务，准时交货。车间主任是制衣生产车间的最高管理者，肩负着重要的使命。需要根据本车间的实际情况，制订各个班组与岗位的工作职责与任职条件，通过科学的制度管理保障车间的正常、安全运行。

车间主任的任职条件：

①精通劳动法规。

②精通服装成衣生产工艺流程。

③精通服装生产的质量检验标准。

④精通服装各制造工序的生产成本。

⑤熟悉各种服装生产设备日常维护与管理方法。

⑥精通服装产业上中下游供应链的运行。

⑦精通科学的生产安排方法。

⑧具备很好的组织能力与协调能力。

⑨熟练操作计算机，尤其是Excel与Word等办公软件。

⑩具备前瞻的视野与宽宏的度量。

⑪有非常强的时间观念。

⑫具备细心、耐心、责任心、包容心。

⑬有较高的受教育水平，能够时刻关注行业发展动态。

⑭具备十年以上服装生产管理从业经验。

（2）工艺员

工艺员是车间里的技术主管，相当于车间的跟单员，主要负责根据订单的要求，制订与跟进生产订单的各种技术文件，根据产品的特点科学合理地分解工艺流程，在关键工序设立质量控制点。跟进原材料的进厂检验情况、完成新产品的试版制作（包括PP版与跳码版）、通过复版复查生产纸样与唛架图的正确性、制订各工序的额定本成品数据、核算及上报第一床用布量、召开车间产前会议，做好各工序首批生产线的操作示范，做好生产技术部与车间生产之间的桥梁，最终能够保质、保量、准时完成生产任务，保证顺利交货。

工艺员的任职条件：

①精通服装成衣生产工艺流程。

②精通服装生产的质量检验标准。

③熟悉服装各制造工序的生产成本。

④熟悉各种服装生产设备的操作技术。

⑤掌握基本的服装成衣裁剪技术。

⑥熟练操作计算机，尤其是Excel与Word等办公软件。

⑦具备良好的组织能力与协调能力。

⑧具备细心、耐心、责任心。

（3）质量员

质量员是生产车间的质量主管，负责在生产过程中通过预防、控制与检验保证产品的生产质量，包括根据产品特点在生产难度较高的工序、容易出错的工序设定质量控制点，控制生产过程中的产品质量，保证产品能够按照订单要求的质量交货。

质量员下设若干质量检验员岗位（以下简称"质检员"），通常生产过程中期的质检员由各班组组长兼任，而尾期产品的质检员则由经过专门训练的、具备高度责任心的专职质检员担任，专职质检员负责对出厂的成品进行100%的检验，依据产品监测出来的质量作出合格品、二等品、等外品、待返修品和报废品的等级判断。只有最后尾期检验被判定为"合格品"的产品才能够出厂进入一线销售终端。

质量员的任职条件：

①精通服装成衣与原材料的质量检验标准。

②精通服装生产与原材料的质量检验流程。

③精通服装成衣制作的各种生产设备的操作。

④掌握基本的服装成衣裁剪技术。

⑤熟练操作计算机，尤其是Excel与Word等办公软件。

⑥掌握ISO 9000质量管理体系的知识。

⑦具备良好的观察能力与分析能力。

⑧具备良好的组织能力与协调能力。

⑨具备细心、耐心、责任心。

（4）统计员

统计员负责统计每天、每周、每月的各班组、各工序、个人的生产产量，编写出厂产品的装箱单单号，以及统计车间固定资产、完成每月的资产盘点与核算；负责核算生产率、核定各工序的单价，统计计算每位职工的工资与奖金等工作。如果制衣车间的人员规模在50~60人，一般统计员由一名员工担任；如果车间的人员规模在60人以上，则考虑将该岗位拆分为统计员与劳资员两个岗位，以便能够更好地开展工作。

统计员的任职条件：

①精通数理统计方法。

②具备会计证。

③熟悉服装成衣生产工艺流程。

④熟练操作计算机，尤其是Excel与Word等办公软件。

⑤具备细心、耐心、责任心。

⑥熟悉劳动法规。

（5）计划调度员

计划调度员负责跟进生产进度，合理利用现有的劳动力资源，合理地安排生产任务，确保订单能够保质保量准时交货。计划调度员要安排人手每天盯着生产产量的变化，根据实际产能与计划产能的差异，合理地安排调度。

计划调度员的任职条件：

①精通服装成衣生产工艺流程。

②了解服装生产的质量检验标准。

③熟悉服装各制造工序的生产成本。

④精通生产进度跟进方法。

⑤合理利用人力资源安排生产。

⑥熟练操作计算机，尤其是Excel与Word等办公软件。

⑦具备良好的组织能力与协调能力。

⑧具备细心、耐心、责任心、包容心。

这四员大将是车间主任的得力助手，是服装生产车间最为重要的技术管理骨干。

（6）班组长

为了优化管理，提高生产效率，每个制衣车间都会按照自身设备特点或生产流水线特点，将生产工人划分为若干个组别。最常见的班组划分有裁床组、平车组、包缝机组、绷缝机组、特种机组与后工序组（图3-4）。

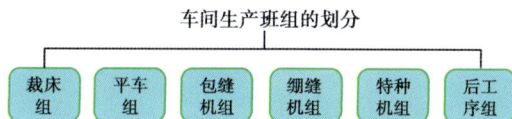

车间生产班组的划分

| 裁床组 | 平车组 | 包缝机组 | 绷缝机组 | 特种机组 | 后工序组 |

图3-4 某制衣车间的行政架构图

每个班组的人数均不相同，在制衣车间里，平车组与包缝机组的人数较多。每个班组会设置组长一名，负责指导本组工人进行正确的操作生产、管理该班组的产量统计、收发与流转半成品以及监督与检查工人所生产产品的半成品质量等。班组管理人员与班组操作工人的比例一般控制在1∶6，即1名班组长管理6名工人。当工人人数增多时，应合理地增加管理人员的数量，以保证产品的正常流转和对产品质量进行高效的管控。

裁床组组长的任职条件：

①精通服装成衣批量裁剪的操作技术。

②精通裁剪工序的质量检验标准。

③精通服装面料与辅料的质量检验标准。

④熟悉服装成衣的基础打版与放码技术。

⑤精通安全生产操作规程。

⑥具备裁床、电剪、验布设备的故障鉴别能力与对简单故障的检修能力。

⑦具备较好的组织能力、指导能力与管理能力。

⑧具备细心、耐心、责任心、包容心。

平车组组长的任职条件：

①精通高速平缝机的操作技术。

②熟悉服装成衣的生产制作流程。

③精通服装成衣各个关键平车工序的缝制技术。

④精通安全生产规程。

⑤掌握高速平缝机设备的故障鉴别能力与简单故障的检修能力。

⑥具备较好的组织能力、指导能力与管理能力。

⑦具备细心、耐心、责任心、包容心。

包缝机组组长的任职条件：

①精通三线、四线、小密边高速包缝机的操作技术。

②熟悉服装成衣的生产制作流程。

③精通服装成衣各个关键包缝机工序的缝制技术。

④精通安全生产规程。

⑤掌握高速包缝机设备的故障鉴别能力与简单故障的检修能力。

⑥具备较好的组织能力、指导能力与管理能力。

⑦具备细心、耐心、责任心、包容心。

绷缝机组组长的任职条件：

①精通各种类型的高速绷缝机的操作技术。

②熟悉服装成衣的生产制作流程。

③精通服装成衣各个关键绷缝机工序的缝制技术。

④精通安全生产规程。

⑤掌握高速绷缝机设备的故障鉴别能力与简单故障的检修能力。

⑥具备较好的组织能力、指导能力与管理能力。

⑦具备细心、耐心、责任心、包容心。

特种机组组长的任职条件：

①精通各种类型的服装成衣制作特种设备的操作技术。

②熟悉服装成衣的生产制作流程。

③精通服装成衣各个关键使用特种设备生产的缝制技术。

④精通安全生产规程。

⑤掌握各种特种设备的故障鉴别能力与简单故障的检修能力。

⑥具备较好的组织能力、指导能力与管理能力。

⑦具备细心、耐心、责任心、包容心。

后工序组组长的任职条件：

①精通服装成衣后工序整理的工作流程。

②精通熨烫设备的操作技术。

③精通熨烫设备的故障鉴别能力与简单故障检修能力。

④熟悉服装成衣的质量检验标准与流程。

⑤精通安全生产规程。

⑥精通各种服装成衣包装材料与装箱方法。

⑦具备较好的组织能力、指导能力与管理能力。

⑧具备细心、耐心、责任心、包容心。

各个生产班组的班组长日常工作地点就在所在班组内。在每一个班组配置一套办公桌椅、一张检验台，以便设立质量控制点，对半成品进行100%的质量检查。

各班组长的日常工作流程：

①检查本组各位组员是否按照操作规程进行生产前的清理工作。

②抽查各位组员所生产的半成品的质量。

③检查生产任务单，明确生产任务，跟进生产进度。

④示范指导工人完成新工序的制作。

⑤根据生产进度与生产数量的变化，合理地调配人手，合理分配工作任务。

⑥定期巡回检查产品的生产质量。

⑦定期收发半成品，登记每个工人的产量，将已经生产完毕的产品运输至下一个工序。

⑧对后工序检出有质量问题的产品，按照工号做好登记，发回给相关工人进行返工返修。

⑨跟进问题产品的返工返修工作。

⑩跟进故障设备的报修与修理工作。

⑪跟进设备的对外借出与回收的质量检查工作。

⑫下班前检查本班组的设备以及电源是否关闭，产品是否已经用布盖好以避免被粉尘污染。检查员工的生产工具是否放置在指定的位置上。

练一练

（1）问答题：

①在一家制衣厂中，哪个部门员工人数最多？

②在一家制衣厂中，哪个部门是主管技术的核心部门？

③在车间主任的领导下，核心技术管理骨干主要有哪四大员？

④一家规模在500人以上的制衣厂中，厂内应该设置哪些部门？请列举出其中的五个主要部门。

（2）判断题：

①生产车间通常是一家制衣厂内员工人数最多的部门。　　　　　　　　　　（　　）

②采购部是一家制衣厂中最重要的技术部门。　　　　　　　　　　　　　　（　　）

③采购部主要负责服装面料的采购工作。 （　　）

④生产车间主任手下通常配备有四员大将：工艺员、质量员、统计员与计划调度员。 （　　）

⑤在生产车间里，统计员是车间的技术主管。 （　　）

⑥生产技术部是制衣厂的核心技术部门，通常服装跟单员就分布在该部门。 （　　）

⑦生产车间的劳资员负责跟进生产进度，合理利用现有的劳动力资源，合理地安排生产任务，确保订单能够保质保量准时交货。 （　　）

⑧制衣厂的仓库主要是指材料仓。 （　　）

⑨版房通常分布在生产车间里面。 （　　）

⑩车间主任需要根据本车间的实际情况，制订各个班组与岗位的工作职责与任职条件，通过科学的制度管理保障车间的正常、安全运行。 （　　）

【实践作业五】

请根据下表中对工作岗位职责的描述，判断其属于哪一个工作岗位，并将候选工作岗位的编号填在相应位置。

序号	主要工作职责	工作岗位
1	负责跟进生产进度，合理利用现有的劳动力资源，合理地安排生产任务，确保订单能够保质保量准时交货	
2	主要负责根据订单的要求，制订与跟进生产订单的各种技术文件，根据产品的特点科学合理地分解工艺流程，在关键工序设立质量控制点。跟进原材料的进厂检验情况、完成新产品的试版制作等	
3	主管整个生产车间的人事安排、生产安排、设备管理、技术保持与革新，围绕订单（生产任务）来展开生产，合理调配人手，保质、保量、准时、安全地完成生产任务，准时交货	
4	负责核算生产率、核定各工序的单价，统计计算每位职工的工资与奖金等。当车间人数较少时，通常会由车间主任兼任	
5	负责员工招聘、岗位分配、上岗前培训、绩效考核、人事管理、五险一金的购买、续聘、解聘等工作	
6	负责在生产过程中通过预防、控制与检验保证产品的生产质量，包括根据产品特点在生产难度较高的工序、容易出错的工序设定质量控制点，控制生产过程中的产品质量，保证产品能够按照订单要求的质量交货	
7	在企业中负责生产物资采购的部门，包括采购服装面料、服装辅料、生产机器设备、办公文具用品等	
候选工作岗位： A.车间工艺员　B.车间主任　C.车间统计员　D.车间计调员　E.采购员　F.跟单经理　G.食堂主管　H.维修主管　I.车间劳资员　J.人事专员　K.车间质量员		

二、制衣厂的厂房配置

开设一家制衣厂，按照其规模的大小，厂房的配置也各有不同。规模越大，配置越齐全、越规范；规模越小，配置越简便。不管规模如何，办公室、生产车间、仓库、食堂、宿舍是标配。其中，生产车间是占地面积最大，容纳劳动力最多，直接从事生产的重要部门。

工厂大门应有清晰醒目的厂名标志，如果是自主品牌经营型企业，最好在厂门展示醒目的本厂拳头品牌的Logo，以起到广告宣传的效用（图3-5）。

（a）

（b）

（c）

（d）

图3-5　不同制衣厂的进厂大门

1.办公室

办公室是用作招商、办公的场所。办公室是所有管理人员办公场所的合称。规模越大的企业，办公区域划分越细。中型及大型企业通常设有厂长室、经理室、人事科、招待室、财务部、采购部、生产技术部、销售部等。各部门的门口应有本部门醒目的标识（图3-6—图3-19）。

图3-6　某制衣厂前台

图3-7　某制衣厂客户洽谈室

的工序有很多，如开口袋、上衣领、拼接裁片、边缘纸口卷边等，通常是操作时间较长、对质量要求较高、难度较高、技术含量较强的工序（图3-22）。

• 包缝机组：主要负责操作高速包缝机（也称"锁边机"）。高速包缝机也是制衣厂最常见的、最重要的机器设备之一。通过包缝机，一来可将裁片被剪切边缘的散口锁住，避免产生纤维或线圈脱散，确保产品质量；二来包缝机运用在针织服装的生产制作时，可以直接担任缝合的任务，即通过包缝，直接将两个不同的裁片进行拼接缝合。通过包缝机制作的工序有很多，如袖口、衫脚、裁片切割边缘的散口锁边等，相对来说其操作较简单（图3-23）。

图3-22 平车组　　　　　　　　　　　　　图3-23 包缝机组

• 绷缝机组：主要负责操作高速绷缝机（也称"冚车"）。高速绷缝机有两针三线绷缝机、三针五线绷缝机、多针锁链底绷缝机等多种机种。不同的机种缝制出来的效果与性能有所不同。在生产时，需根据产品的要求合理地选择缝制设备。比如通过多针锁链底绷缝机来拉运动裤的橡筋裤头，由于底面是锁链线迹，带有良好的伸缩弹性，因此制作好的橡筋裤头经过多次拉伸后，与用平缝机来压的橡筋线相比，不容易产生线迹断裂，更好地保证了产品的质量，增长了产品的使用寿命（图3-24）。

• 特种机组：负责操作的设备较多，包括锁纽门机、钉纽机、打鸡眼机、打撞钉机、打枣机、花边机、切捆条机等多种机种。这些特种机由于平车应用较少，购买及保养的成本较高，机器的配置数量也较少，一般是由专职工人负责操作（图3-25）。

图3-24 绷缝机组　　　　　　　　　　　　图3-25 特种机组

• 后工序组：后工序是制衣车间尾部工作的总称，包括查剪线头、成衣熨烫、成品检验、包装、装箱、检针、运输到仓库等多道工序（图3-26—图3-29）。

图3-26　熨烫工序

图3-27　质验工序

图3-28　包装工序

图3-29　装箱工序

3.仓库

仓库是指在产品生产或商品流通过程中因各种原因暂时存放产品、物品的场所。其目的是保证企业仓储货物的完好无损,确保生产经营活动的正常进行,并在此基础上对各类货物的活动状况进行分类记录,以明确的图表方式表达仓储货物在数量、品质方面的状况,以及目前所在的地理位置、部门、订单归属与仓储分散程度等情况的综合管理形式。

在企业中,仓库是连接供应、生产与销售的中转站,是生产过程中必备的周转场所。仓库参与生产经营,编著供需计划,跟踪物料的消耗情况,提供物资信息,仓库管理已经成为现代生产管理的重要工作内容。从材料管理到成品管理,仓库管理自始至终贯穿企业生产经营的全过程,对促进生产提高效率发挥着重要的辅助作用。

仓库的管理包括以下4种功能:

①原材料、半成品、成品的进仓、出仓管理。

②原材料、半成品、成品的分类、整理与保管。

③供应生产所需的材料,并做好服务。

④材料账务的记录,使账务一致。

按照仓库存放物资的用途,可将仓库分为材料仓和成品仓两大类。材料仓是存放准备用作生产的原材料,包括服装面料与服装辅料(图3-30)。成品仓是用作存放已经生产完成的、已经包装好且装好箱的成衣成品(图3-34)。

图3-30 某制衣厂材料仓

图3-31 某制衣厂成品仓

制衣厂在选择仓库位置时，需要综合考虑多种因素。一般来说，理想的、高效率的仓库应当具备以下9个条件：

①物料容易验收。

②物料进仓容易。

③物料存储方便。

④在仓库容易工作。

⑤仓库适合而安全。

⑥容易发货。

⑦容易搬运。

⑧容易盘点。

⑨有货仓扩充的弹性与潜能。

在规划仓库的内部区域时，应满足以下8个条件：

①仓库区应与生产现场接近，通道顺畅。

②每个仓库都必须有进仓门与出仓门，并有明确的指示标牌。

③货仓的办公室尽可能地设置在仓区附近，并有仓名标牌。

④测定安全存量、理想最低存量或定额存量，并有标识牌。

⑤按存储容器的规格，楼面载重承受能力与叠放的限制高度，将仓区划分为若干个仓位，并用油漆或美纹胶在地面标明仓位名、通道与通道走向。

⑥仓区内要留有必要的废次品存放区、物料暂存区、待验区、发货区等。

⑦仓区设计必须将安全因素考虑在内，必须明确规定消防器材所在的位置，消防通道与消防门的位置，以及救生措施等。

⑧每个仓库的进仓门口，需张贴货仓平面图，反映该仓所在的地理位置、周边环境、仓区仓位、仓门各类通道、门、窗、电梯等内容。

仓库内物料的堆放，应遵循科学的原理。合理堆放有利于提高工作效率，避免或降低出错率。因此，仓库的物料合理堆放应遵循以下7个原则：

①多利用货仓空间，尽量采用立堆放方式，提高货仓的实用率。

②利用机器装卸，如使用加高机等以增加物料堆放的空间。

③通道应有适当的宽度，并保持装卸空间，可保持物料搬运的顺畅，同时不影响物料装卸工作效率。

④不同的物料应依物料本身的形状、性质、价值等而考虑不同的堆放方式。

⑤物料的仓储应考虑先进先出的原则。

⑥物料的堆放要考虑存储数量读取容易。

⑦物料的堆放应容易识别与检查，如合格品、不良品、呆料、废料的分开处理等。

仓库物料验收的9个主要步骤：

①确认供应厂商。

②确认交运日期与验收完工时间。

③确定物料名称与物料品质。

④清点数量。

⑤通知验收结果。

⑥退回不良物料。

⑦入库。

⑧记录。

⑨通知生产车间前来领取物料。

一个管理有方的仓库应具备的15个条件：

①货仓位置的选择较为合理，距离生产车间比较近。

②货仓内部平面规划得当，分区合理。

③储放立体化，节约存储空间。

④通道、照明、防火、防潮、防盗措施到位。

⑤物流的包装、标示符合规划。

⑥依据物料验收规定点收物料。

⑦物料依序整齐摆放。

⑧仓库保持整齐、清洁、5S工作常态化。

⑨建立完整的物料台账与物料卡。

⑩当日料账，当日完成。

⑪依据发料规定发料。

⑫发料能够提前准备。

⑬呆废料能够及时处理。

⑭定期做好盘点工作。

⑮做好生产的后勤服务。

仓库管理中常使用到的"账、物、卡、证"是基本的仓库管理要素，它指的是什么呢？如图3-32所示。

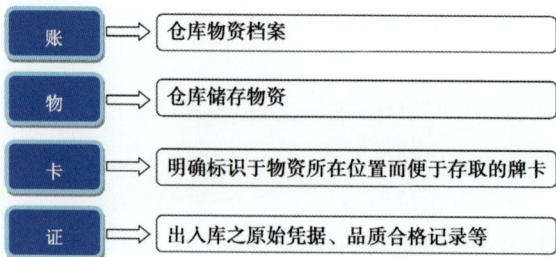

账	⇒	仓库物资档案
物	⇒	仓库储存物资
卡	⇒	明确标识于物资所在位置而便于存取的牌卡
证	⇒	出入库之原始凭据、品质合格记录等

图3-32 仓库管理中的"账、务、卡、证"功能

其中,物料管制卡作为用于标识物料品种的重要标识物,由如图3-33所示的7项内容组成,无论是各种生产用的原材料(包括面料与辅料),还是已经完成生产包装装箱的成衣,都需要用它来标明身份。它可以用编码的形式精简地展现具体的内容,仓管员通过扫描条形码,就可以快捷准确地知道物料的详细信息,提高仓库管理的效率与质量。

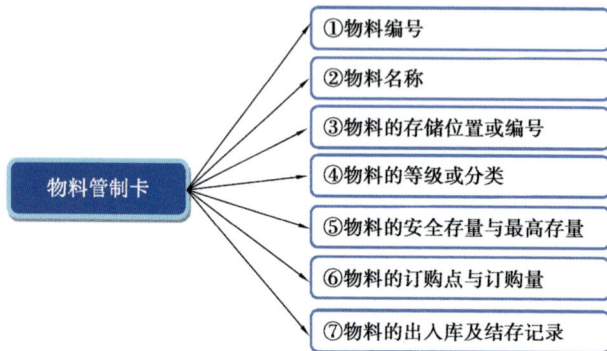

物料管制卡
- ①物料编号
- ②物料名称
- ③物料的存储位置或编号
- ④物料的等级或分类
- ⑤物料的安全存量与最高存量
- ⑥物料的订购点与订购量
- ⑦物料的出入库及结存记录

图3-33 物料管制卡的7项内容

⊸ 练一练 ⊢

(1)请根据以下图片,判断该部门的名称。

该部门是(   )

该部门是(   )

该部门是（　　　）　　　　　　　　　该部门是（　　　）

（2）判断题：

①生产车间是占地面积最大，容纳劳动力最多，直接从事生产的重要部门。（　　）

②后工序是指制衣车间尾部的工作的总称，包括查剪线头、成衣熨烫、成品检验、包装、装箱、检针、运输到仓库等多道工序。（　　）

③仓区内要留有必要的废次品存放区、物料暂存区、待验区、发货区等。（　　）

④决定仓库的位置时，应考虑物料容易验收、物料进仓容易。（　　）

⑤材料仓是存放准备用作生产的原材料，包括服装面料与服装辅料。（　　）

⑥生产车间与仓库均必须明确规定消防器材所在的位置、消防通道与消防门的位置，以及救生措施等。（　　）

⑦制衣厂的仓库包括材料仓与成品仓。（　　）

⑧仓库管理中的"卡"主要是指明确标识于物资所在位置而便于存取的牌卡。（　　）

⑨仓库管理中凡是物料的出入库及结存均必须有完整的台账记录。（　　）

【实践作业六】

制衣厂是一级防火单位，在任何一个部门里，都需要高度重视消防安全与生产安全。尤其是在机器设备最多、人员数量最多的制衣车间里，如果管理不善，发生安全事故的可能性是很高的。只有安全生产，员工的生命安全才有保障。今天，厂长下到生产车间进行现场安全巡查，发现了很多问题需要马上进行整顿。

请你根据以下图片，判断该部门的安全工作做得如何，存在哪些安全隐患，并把这些隐患找出来，填写在下表中。假如你是该部门的负责人，你会采取怎样的整改措施？

某制衣厂生产车间平车组

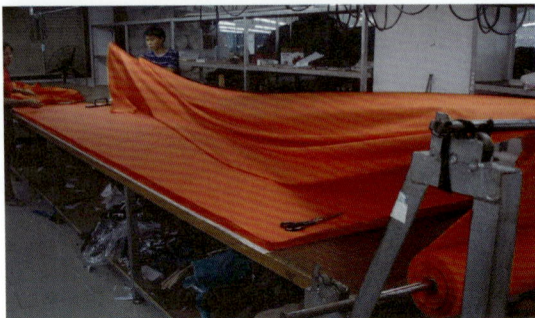

某制衣厂生产车间裁床组

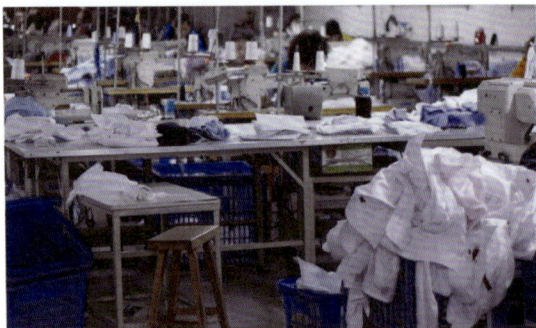

某制衣厂生产车间质量控制点

（1）生产车间平车组存在的安全隐患及整顿措施：

	当前存在的安全隐患	应采取的整顿措施
1		
2		
3		

（2）生产车间裁床组存在的安全隐患及整顿措施：

	当前存在的安全隐患	应采取的整顿措施
1		
2		
3		
4		
5		

（3）生产车间质量控制点存在的安全隐患及整顿措施：

	当前存在的安全隐患	应采取的整顿措施
1		
2		
3		
4		
5		

三、制衣车间的设备配置

制衣车间的生产设备按照缝制的先后顺序，可分为缝制前、缝制中、缝制后三大类。

1.缝制前设备

服装产品在进入缝制工序前，还要进行一系列的前期准备工作。此阶段常用的生产设备主要包括以下几种（表3-1）：

表3-1　制衣车间缝制前设备

名称	图片	用途
验布机		生产前对棉、毛、麻、丝绸、化纤等特大幅面、双幅和单幅布进行检测的一套必备的专用设备。验布机的作业方法:提供验布的硬件环境，连续分段展开面料，提供充足光源，操作人员靠目力观察，发现面料疵点和色差，验布机自动完成记长和卷装整理工作

续表

名称	图片	用途
裁床		裁剪面料的大型操作平台，主要包括裁剪台、刀座、刀架、操作面板和真空吸气装置。裁床的长度及宽度随面料的幅度及生产品种的需要而定
电剪		裁剪面料时的电动推剪
CAD裁剪设备		服装CAD即服装计算机辅助设计，是服装Computer Aided Design的缩写。虽然服装CAD 20世纪70年代才起步，但发展迅速，在产业运用中日益广泛。服装CAD系统由硬件系统和软件系统两部分组成。服装CAD硬件系统一般包括扫描仪、电脑、显示器与打印机、绘图仪或自动拖铺裁床
裁衣剪刀		专门用于剪裁衣服面料的手动剪刀，是传统的服装裁剪工具
切捆条机		又称切布机、切条机、裁条机等，适用于雨伞、泡棉、皮革、反光材料、尼龙、雪纺、牛仔布、网布、塑胶、牛津布、无纺布、双面胶、醋酸布等材料的各种宽度直条、45°斜条的卷布及横纹滚条裁切、切条、捆条。切捆条机是制鞋、服装等行业切捆条、切滚条的必备工具

2.缝制中设备

服装产品进入缝制工序，需要进行一系列的流水线生产，根据产品的特点进行多工序的生产操作。此阶段常用的生产设备如表3-2所示。

表3-2　制衣车间缝制中设备

名称	图片	用途
高速平缝机		主要通过上下缝线的咬合，完成各种裁片的拼接缝合，是制衣厂必备的、重要的缝制设备
高速包缝机		主要通过线圈的包合，将裁片被剪切边缘的散口锁住，避免产生纤维或线圈脱散，确保产品的质量。在针织服装中，包缝机可以替代平缝机，在包缝裁片边缘散口的同时，完成裁片的拼接缝合
高速绷缝机		有两针三线绷缝机（双针冚）、三针五线绷缝机（虾须冚）、多针锁链底（锁链冚）等多种机种。不同机种缝制出来的效果与性能都有所不同
花边机		主要用于缝制各种效果的花型线迹，达到装饰美化的作用
锁纽门机		主要用于纽扣开门口（纽门）的缝制

续表

名称	图片	用途
钉组扣机		主要用于钉组扣
打鸡眼机		通过打鸡眼，形成洞眼，使绳索、丝带或橡筋得以通过，形成装饰美化或收缩松紧等作用
打枣机		在成衣或裁片的局部进行线迹来回往返，形成线迹群，达到加固、不易脱散的效果
打撞钉机		主要用于在牛仔服装的袋口处打金属撞钉，以达到加固与装饰美化的作用

3.缝制后设备

服装产品完成了系列缝制工序，已经形成了一件完整的成衣后，需进入缝制后工序的操作，以完成查剪、熨烫、检验、包装、运输一系列的后整理工作。此阶段常用的生产设备如表3-3所示。

表3-3　制衣车间缝制后设备

名称	图片	用途
熨烫设备		主要用于成衣的熨烫整理，把在制作过程中形成的各种褶皱熨烫平整，或者有目的地通过高温熨烫使成衣形成特定的褶铜（如百褶裙）的设备。该设备包括烫床、熨斗等
检验台		用于检验成衣完成品或半成品的质量等级。服装质检员将成衣产品平铺在检验台上，通过测量成品规格与检查各部分的工艺质量，判断该产品的质量高低，作出相应的质量等级判定
包装台		用于合格品的包装，包括打各种挂牌、贴尺码贴纸、穿衣架、入胶袋等。需要区分颜色、尺码来进行包装，具体应按照订单要求进行
验针机		用于包装后的成衣产品在正式装箱封箱前的针器监测使用。如产品客户没有要求验针，可以不经过这道工序。有些客户严格要求所有产品装箱出厂前必须经过验针，以杜绝带有危险断针针头或者金属利器的针器掉落在衣服内，给消费者穿时带来人身安全的风险
验针器		其作用与验针机相同。验针器实际上是微型的验针机。当产品经过验针机被发现内部存有针器时，外观目测未能发现针头的情况下，需要通过验针器对整件衣服进行扫描，从而排除针器危险。因此，验针器是验针的重要辅助工具
打箱带自动捆扎机		用于当成衣产品包装装箱后，在箱子的外部打捆绑的箱带，以方便运输工人搬运

●)练一练 |◄

(1)请通过以下机器设备的图片,判断该设备的名称。

该设备是( )

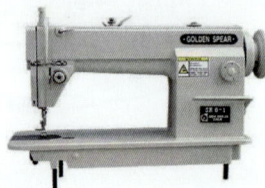

该设备是( )

该设备是( )

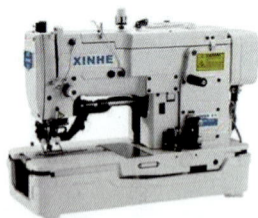

该设备是( )

该设备是( )

该设备是( )

(2)请将机器设备对应的功能编号填入括号内。

功能编号为（　　）

功能编号为（　　）

功能编号为（　　）

功能编号为（　　）

功能编号为（　　）

功能编号为（　　）

功能编号：

A.通过上下线迹的咬合，完成不同裁片直接的拼接缝合。

B.通过底线为锁链线迹，完成橡筋的拉伸缝制，常用于运动服的裤头或夹克的下摆。

C.主要用于在牛仔服装的袋口处打金属撞钉，以达到加固与装饰美化的作用。

D.主要用于成衣的熨烫整理，把在制作过程中形成的各种褶皱熨烫平整，使成衣光洁平整。

E.主要用于钉纽扣。

F.主要用于打纽门。

（3）判断题

①高速平缝机主要分布在生产车间的平车组。 （　　）

②烫床与熨斗主要分布在生产车间的后工序组。 （　　）

③钉纽扣机与打牙机主要分布在生产车间的特种机组。 （　　）

④高速包缝机常用的有三线包缝与四线包缝。 （　　）

⑤验针机主要分布在生产车间的后工序组。 （　　）

⑥验布机与裁床主要分布在生产车间的后工序组。 （　　）

⑦打枣机主要分布在生产车间的平车组。 （　　）

⑧高速绷缝机有两针三线绷缝机（双针冚）、三针五线绷缝机（虾须冚）、多针锁链底（锁链冚）等多种机种。 （　　）

⑨锁纽门机最常用的有直眼纽门机与凤眼纽门机两种。 （　　）

⑩裁床组的生产设备主要包括裁床与电动剪刀。 （　　）

⑪产品在出厂前的验针一般先使用验针器进行检验，发现问题才使用验针机来进行检验。 （　　）

⑫产品的纸箱上应印制有正唛与侧唛。 （　　）

【任务学习要点】

（1）制衣厂的主要厂房设备应包括哪些？

（2）制衣厂的仓库一般可分为哪几种类型？它们有什么不同？

（3）制衣厂的生产技术部主要行使什么职能？

（4）制衣厂的采购部主要行使什么职能？

（5）制衣厂的生产车间主要行使什么职能？

（6）制衣车间主任手下有哪四种技术骨干，被称为"四大员"？

（7）制衣车间的哪一员大将是车间的技术主管？

（8）制衣车间一般可分为哪几个主要的班组？

（9）制衣车间各个班组组长应具备哪些任职条件？

（10）制衣车间的缝制前设备常见的主要有哪几种？请列举出其中的四种。

（11）制衣车间的缝制中设备常见的主要有哪几种？请列举出其中的四种。

（12）制衣车间的缝制后设备常见的主要有哪几种？请列举出其中的四种。

（13）制衣车间工艺员的工作职责是什么？

（14）制衣车间质量员的工作职责是什么？

（15）制衣车间统计员的工作职责是什么？

（16）制衣车间计划调度员的工作职责是什么？

【实践作业七】

章小豪从学校毕业后来到一家制衣厂担任跟单员，至今他已经工作了15年。今年他准备与4个朋友合伙开办一家牛仔服装厂，你认为他需要购置哪些生产设备？

（1）请给下表中的机器设备填上对应的名称。（只填序号）

（2）请按照缝制前设备、缝制中设备与缝制后设备，帮章小豪在以下候选设备中挑选所需要购置的设备，并将名称前方的英文字母填写在相应的表格中。

（3）除了以下候选设备，你认为章小豪还需要添加哪些设备，请将需要添加的设备名称填在表格中。

豪哥牛仔制衣厂购置生产设备计划表

	缝制前设备	缝制中设备	缝制后设备
以下候选设备中哪些是需要购置的（请填入设备前的英文字母）			
除了下列候选设备，你认为还需要增加哪些设备（请填写需要添补的设备名称）			

续表

<table>
<tr><td rowspan="6">候选设备：

【A】高速包缝机

【B】高速绷缝机

【C】鸡眼机

【D】电剪

【E】花边机

【F】高速平缝机

【G】锁纽门机

【H】验布机

【I】熨烫设备

【J】纸箱打包装机

【K】验针机

【L】验针器

【M】打枣机

【N】打撞钉机

【O】切捆条机</td></tr>
</table>

得分：_____

教师：_____

任务四
服装生产的原材料供应 »

[任务重点]　①服装生产原材料采购的流程。

②面料采购与验收。

③辅料采购与验收。

④印绣花生产与验收。

⑤服装成品(半成品)洗水生产与验收。

[学习课时]　6课时。

>>>>>> **【任务学习】**

一、服装原材料采购的流程

服装的原材料供应商主要包括面料供应商与辅料供应商。联系制衣厂与原材料供应商的人员叫作采购员。规模较大的企业,通常会单独设立采购部,而采购员则隶属于采购部;规模较小的企业,采购员隶属于生产部;微型企业(50人以下),很多时候直接由老板或老板助理负责采购。

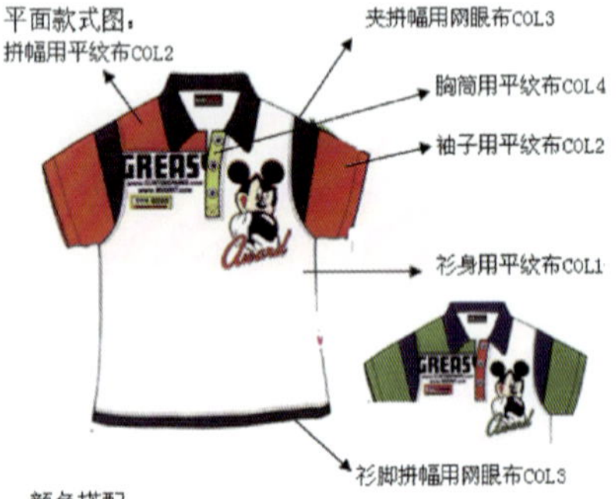

采购员的工作流程:

①接到新产品设计样板制造单(图4-1)。

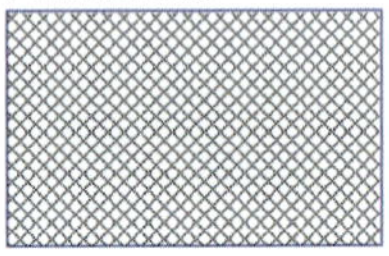

图4-1 新产品设计样板制造单

②审核消化样板制造单,确定需要采购的样板原材料的具体要求。

③货比三家,物色合适的原材料供应商。

④下单订购制版的原材料,包括版布及所需的辅料(表4-1)。

⑤样板得到客户确认,上报材料采购成本给跟单员,跟单员与客户进行造价谈判。

⑥客户正式下订单,采购员审核订单,根据数量确定采购量。

⑦联系供应商,进行采购价格谈判。

⑧谈判敲定,采购员正式下采购单。

⑨跟进原材料生产进度。

⑩跟进与保证原材料准时送达制衣厂。

⑪根据后续的原材料进厂检验。

⑫跟进生产过程中有必要的原材料增补。

⑬生产结束后，跟进原材料余料的处理。

⑭定期根据仓库盘点，整理本制衣厂的原材料库存数量，进行月度、季度汇报。

表4-1　××制衣厂原材料订购单

采购员：　　　　　　　　　联系电话：　　　　　　　　　联系邮箱：

客户		供应商		下单日期	
款号		负责人		到厂日期	
订单号		联系电话		结算货款日期	
下单色号		供应商地址		采购方到货地址	
订购的材料要求					
面料名称		有效幅宽/cm			
纤维成分		克重/ (g·m^{-2})			
辅料名称					
辅料具体要求					
订单细数表					
尺码　　色号	S码	M码	L码	XL码	合计
合计					
质量要求					

二、面料采购与验收

1.服装面料的采购

制衣厂的采购员通常来到面料批发市场选购合适的面料，面料业务员（或称面料跟单员）就成为联系纺织厂（面料厂）与客户的纽带。

通常在面料批发市场，每个档口的商家都会把制作好的面料板卡放置在门前，让客户可以自由地进行选择（图4-2）。一般来说，商家提供的面料板卡上要标注布种名称、纤维成分、有效幅宽、克重等。有些还会直接在板卡上标明售价（图4-3）。

（a） （b）

图4-2　面料批发市场

（a） （b）

图4-3　面料板卡

　　制衣厂的采购员按照采购任务，选择合适的面料样板，与商家洽商了解交易的详情（面料的纤维成分、幅宽、克重、可选颜色、纱支、组织结构，批发价，剪版价，有无现货，如定制所需时间、有无规定起订量等），经过详细的了解、货比三家之后，再作出是否选购的决定。下采购单时应根据生产订单的实际数量增加一定的次品损耗率，以保证出货时正品的数量符合预期要求。产品工艺越复杂、生产难度越大，在生产的过程中出现次品的可能性就越大，因此在采购原材料时需要考虑此因素增加相应的损耗率。

2.服装面料的验收

　　面料供应商在完成制衣厂订购的面料生产后，按照合同约定的时间将产品运至制衣厂，由制衣厂材料仓仓管员核对订单号、色号、数量、重量，无误后进行签收（图4-4、图4-5）。然后，材料仓仓管员通知生产车间前来领取。面料运至车间后，由裁床组验布工人对面料进行详细的质量检验，包括上验布机前质量检验和上验布机后质量检验。

　　①面料上验布机前质量检验的内容包括检查面料布匹标识条上的内容，如订单号、款号、布种以及编号批次是否与运输单据相符合，测量面料的幅宽是否正确，在专业的灯箱下检查面料的颜色是否与审批通过的颜色样板相符合等。由于在自然光下核对容易产生色彩偏差，导致对色失误，因此核对面料色彩时需要在专业的灯箱下（图4-6）进行。如果是针织布，还需要用克重仪（图4-7）测试每平方米的克重是否符合要求，以及称面料整匹的重量是否与标签相符。以上项目都符合以后，才可以上验布机进行进一步的外观质量检验（图4-8）。

图4-4 面料储存区

图4-5 面料到厂核对

图4-6 对色灯箱

图4-7 克重仪

②面料上验布机后质量检验的内容包括检查面料的表面有无疵点、粗细纱、大肚纱、抽纱、针洞、破洞、色泽不匀、色差、油污、拖污、纬斜、扭纹等。如果在一匹面料上存有极少量、局部的瑕疵，则需要在面料上用色笔作出记号，以便在下一工序拉布裁剪时合理避裁（图4-9）。如果存在的瑕疵超出可以接受的比例，则应及时通知采购部，再由采购部通知面料厂的质量负责人前来商榷退货或返工返修事宜。

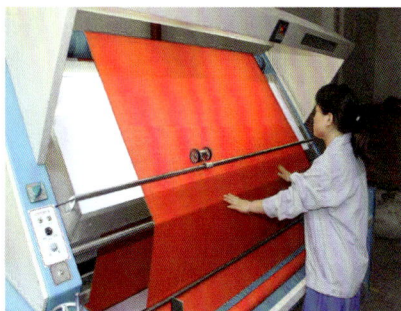

图4-8 面料上验布机进行质量检验

图4-9 拉布工序

▶练一练◀

（1）判断题：

①针织面料进厂只需要测试幅宽与核对颜色，无误后即可上验布机进行检验。　　　（　　）

②核对面料的色泽只需在自然光下进行，无须通过灯箱进行核对。　　　（　　）

③服装面料进厂检验通常是按照5%~7%的比例对进厂原料进行质量检查。　　　（　　）

④梭织面料进厂检验时也需要测试每平方米克重。　　　（　　）

⑤服装面料在进厂质量检验时若发现瑕疵，不管严重程度如何，只要上裁床时合理避裁就可以了，不需退回面料厂进行返工或重做。　　　（　　）

（2）面料质量问题实例检验：

教师按照针织、梭织、毛织3种不同的织造类型，分别选择一些存有质量问题和没有质量问题的面料，在课堂上要求学生现场进行实物检查并判定这些面料的质量是否合格。如果判断面料质量不合格，进一步要求学生指出存在什么质量问题。

三、辅料采购与验收

1.服装辅料的采购

服装辅料采购与面料采购相似，主要有两种交易模式。相对来说，辅料的类型更多，大致可分为三大类：点状辅料、条状辅料与面状辅料。

（1）点状辅料

点状辅料通常为个体状、体积较小的辅料，如纽扣、鸡眼、撞钉、绣花章、印花章、挂牌、价钱牌、尺码贴纸、吊钟、拉链头等（图4-10）。

（2）条状辅料

条状辅料通常为狭小长条形的带状辅料，如丝带、花边、装饰绳、拉链、橡筋、装饰链等（图4-11）。

（3）面状辅料

面状辅料通常为面积较大的辅料，如粘衬、马尾衬、里布、纸衬等（图4-12）。

2.服装辅料的验收

服装辅料的质量检验方法有两种：一种是按照采购数量的100%全检，另一种是按照采购数量的5%~7%的比例进行随机抽检。采取哪一种进厂检验方式更合适呢？这需要根据辅料的类型来选择，不同类型的辅料其检验的方法是不同的。如果是缝纫线、纽扣、粘衬等，一般采用按比例随机抽检的方式；如果是具有标识功能的校徽、绣花章等，则采用100%全检的方式。

金属纽扣

木质纽扣

贝壳纽扣

四合纽扣

中式盘扣

金属鸡眼

喷漆鸡眼

撞钉

吊钟

拉链头

弹簧扣

勾扣

花式日字扣

吊钟活动扣

尺码贴纸

主挂牌

猪鼻弹簧扣

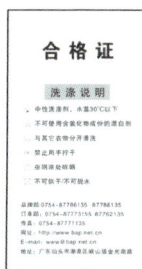
合格证

拉链头吊钟

金属章

绣花章

印花章

皮牌

绣花装饰章

图4-10　常见的服装点状辅料

丝带

花边

装饰绳

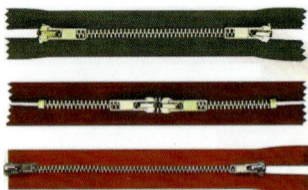
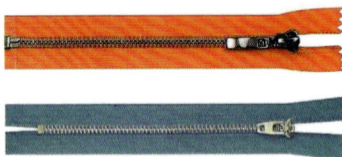

拉链

橡筋

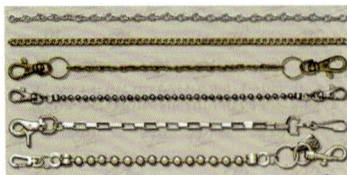

装饰链

图4-11　常见的服装条状辅料

纸粘衬　　　　　　　　树脂衬　　　　　　　　马尾衬　　　　　　　　里布

图4-12　常见的服装面状辅料

辅料厂按照合同约定的时间将产品运至制衣厂材料仓（图4-13）后，由材料仓仓管员核对单号（图4-14）。核对正确后将产品按原计划通知生产车间前来领取，辅料运回车间后再进行详细的质量检查。如果质量符合要求，可以直接用作生产；如果存在质量问题，必须立即通知采购部前来查看并采取相应的处理措施。如果出现严重的质量问题，需要退货重新补做，必须立即通知生产技术部进行报备，并进一步跟进重新补回材料的时间。一旦出现因原材料质量问题需要退货重新补做，必然会破坏原定的生产计划，导致生产工序出现停工待料，甚至影响最终的交货日期。因此，原材料进厂后进行质量检验是必不可少的环节。

图4-13　材料仓辅料储存区

图4-14　面料到厂核对

（1）点状辅料的质量检验

点状辅料可分为模具生产的辅料与非模具生产的辅料两大类。如果是模具生产的辅料，一般采用5%的比例进行抽查，这种类型的辅料如果发现质量问题，很可能会成批出现，也比较容易被检查出来。而非模具生产的辅料比如织造的辅料，尤其是手工制作，由于制作者技术的不稳定性，存在质量问题的可能性会比较大，需根据该辅料生产的难度适当增加7%~10%的抽检比例。

（2）条状辅料的质量检验

条状辅料可分为模具类辅料与织造类辅料两大类。模具类条状辅料如金属拉链多数采用5%的比例进行抽查，而织造类条状辅料如橡筋、丝带、花边等，由于织造时采用卷装打包的方式，生产时需要将其裁断为一定的长度以方便生产。如果采用人工截断，通常一边量长度一边检查质量；如果采用机器截断，通常采取随机抽样的方式进行质量检验，抽查的比例按照采购长度的5%进行。对于橡筋，重点要测量其弹性，检查其经过多次拉伸后能否还原到被拉伸前的尺寸。

（3）面状辅料的质量检验

对于粘衬、马尾衬、里布、纸衬等面状辅料，由于是匹装织造，因此需要在裁床上进行拉布裁剪。如果是里布，其检验方法与面料相同，先进行上机前检验，没有问题后再上验布机进一步检查。如果是粘衬类辅料，可采取分段进行质量抽查的方法。对于粘衬要重点抽查其在高温下与面料的黏合度以及经过洗涤后是否出现脱落的状况。

以上是常用服装辅料的质量抽查方式，需要注意的是，不同类型的辅料性能特点不同，因此其质量检验的方式也会存在不同。车间工艺员与质量员要根据具体情况选择最恰当的方式，以最小的成本检查辅料质量，为后续生产提供坚实的原材料质量保障。

➡ 练一练 ⊢

判断题：

①服装辅料进厂时需要按照100%的比例进行质量检验。　　　　　　　　（　　）

②验收拉链只需核对颜色、材料，不需要上下拉动拉链齿检查质量。　　（　　）

③验收橡筋不仅需要核对颜色、宽窄、材料，还需要检验其拉伸力与弹性。（　　）

④服装辅料进厂检验时，如果抽查5%发现2%的次品率，应该立即退回供应商进行返工返修。　　　　　　　　　　　　　　　　　　　　　　　　　　　　　　（　　）

四、印（绣）花生产与验收

印（绣）花厂是制衣厂必不可少的合作伙伴。尤其是童装和女装基本上都离不开印（绣）花图案设计。制衣厂与印（绣）花厂的合作一般是以成衣半成品裁剪加工的形式进行，程序如下：

①设计师出印（绣）花工艺单。

②跟单员外发印（绣）花厂打初版（第一次样板）。

③跟单员收到初版后交给设计师审批。

④跟单员将设计师的审批回复印（绣）花厂。

⑤印（绣）花厂根据审批的意见进行修改，再版。

⑥再次送审。

⑦再版审批通过后，印（绣）花厂根据预期产量进行报价。

⑧印（绣）花厂与制衣厂采购员进行价格谈判最后确认价格。

⑨制衣厂跟单员将大货布发到印（绣）花厂要求打齐色版。

⑩印（绣）花厂的技术员根据印（绣）花工艺单的技术要求打齐色版后，将齐色版寄回制衣厂的跟单员。

⑪跟单员收到印（绣）花厂提供的齐色版后交给设计师进行审批。

⑫审批通过后，准备生产大货。

⑬制衣厂从大货的裁片中抽取需要印（绣）的部分裁片，发送到印（绣）花厂进行裁片图案印（绣）的批量生产。

⑭印(绣)片完成生产发回制衣厂后,制衣厂安排质检员对印(绣)片质量进行检验。

⑮印(绣)片检验合格,按照原开裁批次将其重新配套为整件整扎(捆),进行下一步生产。

⑯对于验片不合格的产品,可以修补的退回印(绣)花厂进行修补。对于不能修补的次品,需重新裁制裁片再送印(绣)。

⑰印(绣)花厂向制衣厂补印(绣)存在质量问题的产品。

⑱图案印(绣)的生产及质量验收工作全部完成,制衣厂与印(绣)花厂结算货款。

1.印花的生产模式

按照印花与衣服印制部件的位置与生产次序,可分为匹印、片印与件印3种。

(1)匹印

匹印是指在整匹面料上进行图案印制。按照纹样的循环延续特点,可分为四方连续纹样(图4-15)和二方连续纹样(图4-16)两种。

图4-15　四方连续纹样匹印印花布

图4-16　二方连续纹样匹印印花布

匹印印花的生产设备一般为辊筒,是通过凹刻在金属辊筒的花纹或图案,经机械连续转动,将印花浆不断地传递到织物表面的印花工艺。一种颜色配备一只辊筒,根据颜色的多少,一次可组装多达8只或更多只的印花辊筒,瞬间就使织物获得轮廓清晰、色彩齐备、层次分明的印花图案或花纹。辊筒印花常用于大批量、连续化的生产(图4-17)。

图4-17　利用辊筒进行匹印印花

图4-18　匹印印花的质量检验过程

匹印印花的面料在出厂前必须经过验布机进行质量检验,检验质量合格方可发送给客户。作为面料采购方的制衣厂,在收到面料厂运来的匹印印花布时,在正式开裁前需要上验布机进行质量检验(图4-18),如果发现瑕疵需要及时做好标记,在拉布裁剪时合理避裁。如果在验布时发现面料瑕疵超出了允许范围,必须立即通知采购部与生产技术部,及时通知面料厂的质量员前来查看实物，并作出恰当的处理。

制衣厂采用匹印印花布生产成衣的流程：匹印布进厂质量检验→开裁→缝制成品→检验→包装→装箱。

（2）片印

片印是指在本成品裁片上进行图案印制。如图4-19所示，工人正在T恤的前幅衣片上进行图案印花。

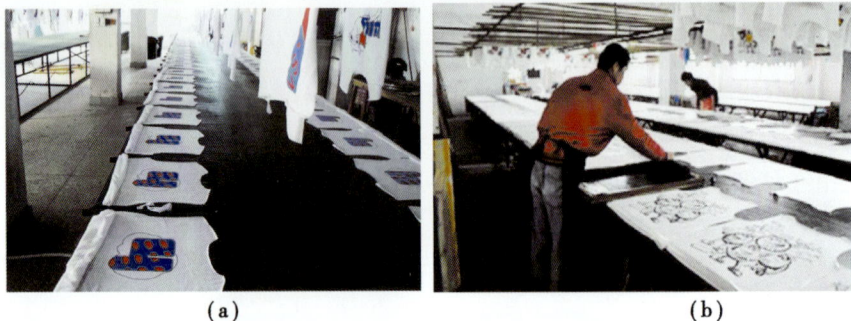

（a）　　　　　　　　　　　　　（b）

图4-19　工人在T恤前幅衣片上进行图案印制

片印印花的常用生产设备有筛网印花（图4-20）、柯式印花、烫画等。

（a）　　　　　　　　　　　　　（b）

图4-20　筛网印花

片印适用于图案位于服装局部内部的印花，如前幅衣片、后幅衣片、袖片、裙片、裤片、口袋等零部件的内部。片印是应用频率最高的印花模式，被广泛地应用于针织T恤、衬衫、连衣裙、短裙、短裤、帽子、包包等服饰中。

制衣厂进行片印印花的生产流程：进厂验布→开裁→抽取需要印制图案的裁片送印花厂进行印制→印完图案后，印片回厂，进行印片质量检验→按照批次配回完整的衣服裁片→缝制成品→检验→包装→装箱。

（3）件印

件印是指在服装成品上进行图案印制（图4-21）。

件印适用于图案位于服装局部跨裁片部位的印花，如图4-22中的图案跨越右前胸与右袖片，由于图案覆盖的范围跨越两个或两个以上不同部位的裁片，两个或两个以上不同部位的裁片的组合存在拼接线，拼接处是两个或两个以上裁片的交界处，厚度较裁片本身要厚，生产印制图案时容易出现漏印、渗边、着色不匀等质量问题。因此，件印相对于匹印与片印来说，难度较高,同时,出现质量问题的可能性更高,故生产的成本也相对较高。

制衣厂进行件印印花的生产流程:进厂验布→开裁→完成各个生产工序的缝制→成品查剪→成品熨烫→成品检验→将成品运送至印花厂进行整件图案印制→印完图案后,印片回厂,进行印片质量检验→二次熨烫→二次成品检验→包装→装箱。

件印印花的常用生产设备有烫画机(图4-23、图4-24)、筛网印花机等。

图4-21　工人在T恤上进行图案印制

图4-22　通过件印印花完成的T恤

图4-23　烫画机

图4-24　韩式摇头烫画机

2.绣花的生产模式

按绣花与衣服印制部件的位置与生产次序,可分为匹绣、片绣与件绣三种。

(1)匹绣

匹绣是指在整匹面料上进行绣花。整匹绣花可分为四方连续纹样(图4-25)和二方连续纹样(图4-26)。

图4-25　四方连续纹样匹绣绣花

图4-26　二方连续纹样匹绣绣花

匹绣绣花的生产流程：进厂验布→开裁→缝制成品→查剪→熨烫→检验→包装→装箱。

匹绣绣花的工艺技巧非常丰富，常用的绣花工艺有锁链绣（图4-27）、镂空绣（图4-28）、米粒绣等。

图4-27　锁链绣

图4-28　镂空绣

（2）片绣

片绣是指在成品裁片上进行图案绣制（图4-29）。片绣适用于图案位于服装局部内部的绣花，如前幅衣片、后幅衣片、袖片、裙片、裤片、口袋等零部件的内部。片绣是应用频率最高的绣花模式，被广泛地应用于针织T恤、毛衫、大衣、衬衫、连衣裙、单裙、裤子、帽子、包包等服饰中。

（a）

（b）

图4-29　在衣服裁片上进行片绣

片绣绣花的生产流程：进厂验布→开裁→抽取需要绣制图案的裁片送绣花厂进行印制→绣完图案后，绣片回厂，进行绣片质量检验→按照批次配回完整的衣服裁片→缝制成品→查剪→熨烫→检验→包装→装箱。

片绣绣花的工艺技术种类繁多，表现手段也更精致秀美（图4-30），再加上片绣是在独立的裁片上进行刺绣，操作起来灵活、方便，常采用多种刺绣手段并用的方法进行绣制。

（3）件绣

件绣是指在服装成品上进行图案绣制（图4-31）。

(a)   (b)

图4-30 精美片绣绣花

(a)   (b)

图4-31 在成衣上进行件绣

件绣绣花的生产流程：进厂验布→开裁→完成各个生产工序的缝制→成品查剪→成品熨烫→成品检验→将成品运送至绣花厂进行整件绣制→绣完图案后，绣片回厂，进行绣片质量检验→二次熨烫→二次成品检验→包装→装箱。

件绣绣花是在已经完成拼接组合的服装裁片（半成品）或已经完成整件服装缝制的成衣上进行图案刺绣，其刺绣的图案覆盖两个或两个以上的裁片部位，裁片与裁片的拼接厚度会因片层的重叠而增加，生产过程中容易发生断针，因而控制产品质量的难度也会增加。考虑到生产的难度与产品质量难以保证，一般批量生产的服装不会选择件绣这种绣花模式。

如果图案设计师能够巧妙地利用裁片与裁片之间拼接厚度的变化进行设计，也会产生与众不同的独特外观效果。如在中国传统的百家衣与背带的图案刺绣设计上，经常可以见到件绣工艺的应用。21世纪电脑绣花已经普及，在图案面积大小与图案色彩数量相同的条件下，件绣生产的难度与所需时间远远高于匹绣和片绣，且需要熟练掌握刺绣工艺的绣工花费很长的工时来完成。因此，件绣的生产成本远远高于匹绣和片绣。可见，件绣不适用于大批量的成衣生产，通常被应用于高级定制礼服的手工刺绣（图4-32）。

（a）　　　　　　　　　　（b）

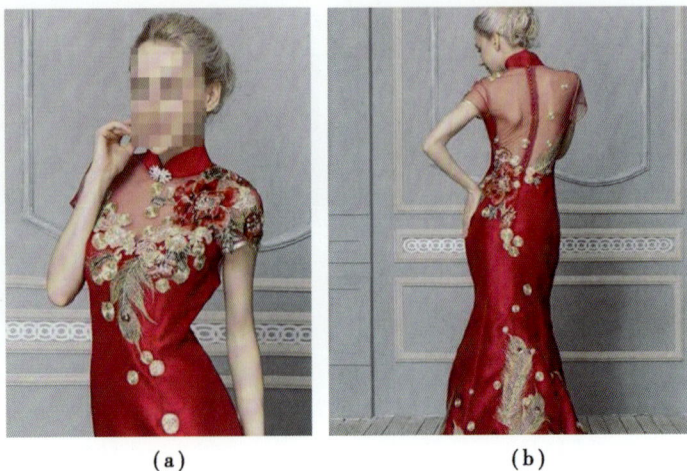

图4-32　片绣应用于高级定制礼服中

▶ 练一练 ◀

（1）仔细观察以下三款男装印花T恤，判断其分别采用了匹印、片印与件印中的哪一种？请将图片与对应的文字连接起来。

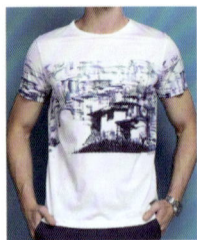

匹印　　　　　　　件印　　　　　　　片印

（2）仔细观察以下两张印花设备图片，判断其分别属于筛网印花、辊筒印花中的哪一种？请将图片与对应的文字连接起来。

辊筒印花　　　　　　　　　　筛网印花

五、服装成品（半成品）洗水生产与供应

服装的成品（半成品）经过洗水工艺后，可呈现出自然的、不重复的、幻变的肌理纹样，且可以根据需要改变面料的质地手感。洗水厂是由染整厂演变而来的。近年来，随着牛仔服装的流行，洗水厂成为制衣厂（尤其是牛仔服装厂）密切的合作伙伴。

洗水工艺可以使面料表面的肌理效果变得更为生动自然，大大拓宽了面料的表现力，因此越来越多地被运用到服装产品的设计中来。服装的洗水生产，分为成品洗水和半成品洗水两种。

一般来说，制衣厂与洗水厂的合作程序如下：

①设计师出产品洗水加工工艺单（表4-2）。

表4-2 产品洗水加工工艺单

设计师：方小云　　　　日期：2018-06-22
跟单员：庄晓艺　　　　日期：2018-06-23

客户	伟达服饰有限公司	洗水工艺	雪花洗	订单码数	S码、M码、L码
款号	A001	订单号	GD0101	订单色号	B01
款式	女装牛仔短裤	交版日期	2018-07-02	交版数量	每码1件
洗水加工厂	骏发洗水厂	订单数量	500条		
款式图				参考洗水效果	

前幅　　　　　　后幅

②跟单员外发洗水厂打初版（第一次样板）。

③跟单员收到初版后交给设计师审批。

④跟单员将设计师的审批回复洗水厂。

⑤洗水厂根据审批的意见进行修改，再版。

⑥再次送审。

⑦再版审批通过后，洗水厂根据预期产量进行报价。

⑧双方经过价格谈判最后确认价格。

⑨制衣厂跟单员将成衣成品（半成品）发到洗水厂要求打齐色版。

⑩跟单员收到洗水厂提供的齐色版后交给设计师进行审批。

⑪审批通过后，准备生产大货。

⑫制衣厂将成衣成品（半成品）发到洗水厂进行洗水加工（图4-33）。

⑬成衣成品（半成品）经过洗水加工后发回制衣厂。

⑭制衣厂对洗水后的产品进行熨烫整理，制衣厂的质检员对经过熨整后的产品进行质量检

验。

⑮合格品可以包装、装箱。

⑯制衣厂与洗水厂结算货款，完成加工交易。

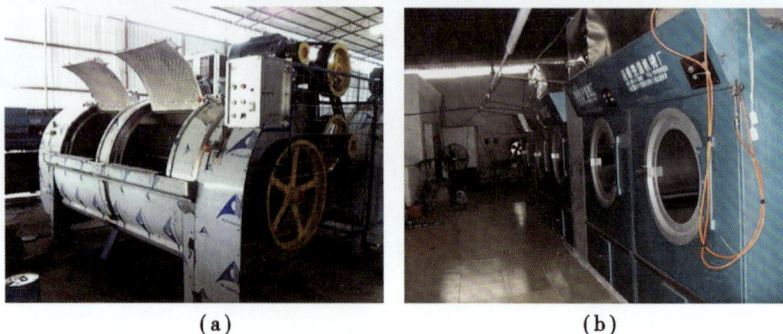

(a)   (b)

图4-33　洗水厂的洗涤设备

1.普洗

普洗即普通机械洗涤，水温控制在60~90 ℃，加一定的洗涤剂，经过约15分钟普通洗涤后，过清水加柔软剂即可，能使织物更柔软、舒适，在视觉上更自然、干净。根据洗涤时间的长短和化学药品用量的多少，普洗又可分为轻普洗、普洗、重普洗。通常，轻普洗约5分钟，普洗约15分钟，重普洗约30分钟。

2.石洗

石洗又称石磨，是指产品洗水时在水中加入一定大小的浮石，使浮石与衣服打磨，打磨缸内的水位以衣物完全浸透的低水位进行，以使浮石能很好地与衣物接触。在石洗前可进行普洗或漂洗，也可在石洗后进行漂洗。根据客户的不同要求，可以采用黄石、白石、AAA石、人造石、胶球等进行洗涤，以达到不同的洗水效果，洗后布面呈现灰蒙、陈旧的感觉，衣物有轻微至重度破损。

3.酵素洗

酵素是一种纤维素酶，酵素洗可以在一定pH值和温度下，对纤维结构产生降解作用，使布面较温和地褪色、褪毛（产生"桃皮"效果），并得到持久的柔软效果（图4-34）。也可以与石头并用，称为酵素石洗。

4.砂洗

砂洗是指在洗水中多用一些碱性、氧化性助剂，使衣物洗后有一定褪色效果及陈旧感，若配以石洗，洗后布料表面会产生一层柔和的霜白的绒毛，再加入一些柔软剂，可使洗后织物松软、柔和，提高穿着的舒适性（图4-35）。

5.化学洗

化学洗是指通过使用强碱助剂来达到褪色的目的，洗后衣物有较为明显的陈旧感，再加入柔软剂，衣物会有柔软、丰满的效果。如果在化学洗中加入石头，则称化石洗，可以增强褪色及磨损效果，使衣物有较强的残旧感。化石洗集化学洗和石洗效果于一身，洗后可达到仿旧和起毛的效果。

图4-34　酵素洗效果　　　　　　　　　　图4-35　砂洗效果

6.漂洗

漂洗是指为使衣物有洁白或鲜艳的外观和柔软的手感,需对衣物进行漂洗,即在普通洗涤过清水后,加温到60 ℃,根据漂白颜色的深浅,加适量的漂白剂,7~10分钟内使颜色对板一致。

漂洗可分为氧漂和氯漂。氧漂是利用过氧化氢(俗称双氧水)在一定pH值及温度下的氧化作用来破坏染料结构,从而达到褪色、增白的目的,一般漂布面会略微泛红。氯漂是利用次氯酸钠的氧化作用来破坏染料结构,从而达到褪色的目的。氯漂的褪色效果粗犷,多用于靛蓝牛仔布的漂洗。

7.破坏洗

破坏洗是指成衣经过浮石打磨及助剂处理后,在某些部位(骨位、领角等)产生一定程度的破损,洗后衣物会有较为明显的残旧效果。

8.雪花洗

雪花洗是指把干燥的浮石用高猛酸钾溶液浸透,然后在专用转缸内直接与衣物打磨,通过浮石打磨在衣物上,使高猛酸钾把摩擦点氧化掉,使面料表面呈现出不规则的褪色,形成类似雪花的白点效果。

➤ 练一练 ←

(1)仔细观察以下3张洗水后的牛仔服装图片,判断其属于雪花洗、酵素洗与普洗中的哪一种?请将图片与对应的洗水种类连接起来。

雪花洗　　　　　　　　　酵素洗　　　　　　　　　普洗

（2）仔细阅读以下3段文字描述，判断其属于洗水工艺中的哪一种？请将左侧文字与右侧对应的洗水类型连接起来。

> 在洗水中多用一些碱性、氧化性助剂，使衣物洗后有一定褪色效果及陈旧感，若配以石洗，洗后布料表面会产生一层柔和霜白的绒毛，再加入一些柔软剂，可使洗后织物松软、柔和，提高穿着的舒适性。

破坏洗

> 成衣经过浮石打磨及助剂处理后，在某些部位（骨位、领角等）产生一定程度的破损，洗后衣物会有较为明显的残旧效果。

化学洗

> 通过使用强碱助剂来达到褪色的目的，洗后衣物有较为明显的陈旧感，再加入柔软剂，衣物会有柔软、丰满的效果。

砂洗

【任务学习要点】

（1）服装生产应采购的原材料主要包括哪几种？

（2）新产品样板制造单上应包括什么内容？

（3）简述采购服装面料的程序。

（4）简述采购服装辅料的程序。

（5）服装面料的进厂检验应采取的取样比例是多少？

（6）服装面料上验布机检验主要检查什么问题？

（7）服装辅料中的哪些类型需要进行100%的质量全检？

（8）面料或辅料进厂进行质量检验时被查出有严重的质量问题应当如何处理？

（9）面料或辅料因质量问题需要退货补做，车间工艺员应当怎样做？

（10）印花工艺按照与衣服裁片的生产方式可分为哪三大类？

（11）片印与件印的区别是什么？

（12）按照图案绣花的位置与生产方式，服装绣花可分为哪三种类型？

（13）如果是同一个图案，片绣、件绣哪一种工艺的成本更高？为什么？

（14）常见的洗水工艺有哪几种？你能列举出四种洗水工艺吗？

任务五
服装生产的产品类型与特点 》

[任务重点]　①批量成衣生产。

②成品或半成品来料加工。

③个性化高级成衣定制。

[学习课时]　4课时。

【任务学习】

一、批量成衣生产

批量成衣生产,是指生产同一款式的服装产品数量庞大,达到成批生产的规模,如职业工作服的生产,军装、警服、校服、厂服等的生产。

无论产品是销往国外还是国内,无论是接单生产型还是自主研发品牌型,以当前的服装产业业来讲,批量生产仍是主流。通过大批量的生产,满足国内外广大消费者的穿衣需求。进入21世纪以后,随着生产力的发展,流行时尚的周转率在不断变快,消费者的消费喜好也在不断更新变化。款式变更快、开发周期短、生产周期短,使款式多、订单数量少、生产时间短、3个月内完成从设计到生产到销售的"快时尚"逐渐取代开发生产周期为3~6个月的旧有生产模式。因此,批量生产已逐渐从"大批量"往"小批量"发展,从"3~6个月的生产周期"向"2~3个月的快时尚周期"发展。这种变化趋势给现代服装生产管理带来了新的挑战。

1.批量成衣生产的特点

批量成衣生产最大的特点是生产数量大、款式单一,通常有多种颜色与尺码,每色每码均达到一定的生产数量。

2.适宜的消费群

批量成衣生产的产品销往某一特定群体(如军人、警察、工人、学生等),或适合大众消费者。

3.批量成衣生产的优点

①可以比较优惠的价格采购原材料,降低材料成本。

②生产数量多、生产时间长,工人操作熟练,有利于提高生产效率。

③有利于批量运输,降低运输成本。

4.批量成衣生产的缺点

①产品生产数量多,如果销售不良就会导致大量的库存积压,令企业资金周转不良,导致企业亏损。

②倘若没有在前期做好详细的市场调研,盲目扩大生产,容易导致产品的市场同质化严重,因没有特色产品、拳头产品而失去市场竞争力。

5.批量成衣制作的生产方式

适宜进行工序细分的流水生产线。当产品的生产数量达到一定规模时,将其生产工序进行细分,在不同的工序安排不同的工人进行操作生产;当工人长时间重复同一动作操作,渐渐从

"高度注意力生产"发展为"动作半自动化生产"，可以大大提高工作效率，同时降低出错的概率。当流水线生产走上正轨后，线路畅通，生产成本与管理成本均会下降。工业化大生产就是一个生产团队采用科学合理的流水线设计，并通过通力合作来完成。

一般来说，在生产管理水平与技术操作水平保持稳定的情况下，成衣生产的批量越大，生产效率越高，生产成本越低，生产质量越好。图5-1是传统制衣车间流水线生产现场。

图5-1　制衣车间流水线生产现场

随着自动化科技的发展，服装生产吊挂系统也渐渐进入生产一线，并以自动化生产线代替传统的人工传输的流水线，大大提高了生产效率，成为服装生产一道亮丽的风景（图5-2）。在不远的将来，"中国制造"将向"中国智造"的方向发展，服装生产吊挂系统必将迎来更广阔的发展前景。

（a）　　　　　　　　　　　　　　　（b）

图5-2　服装生产自动化吊挂系统

批量生产的订单细数表如表5-1所示。需要注意的是，制衣厂在安排货品生产时，不能仅按订单细数表上的生产数量进行原材料采购与开裁制作，而需要根据产品的生产难度、客户对产品质量要求的程度、预留损耗量来安排生产。

表5-1　订单细数表

客户：××××　　　　　　　生产厂：××××

货号：×××××　　　　　　款式：×××××　　　　　　单位：件

交货日期：××××年××月××日　　　　　　　　交货地点：

颜色（色号）＼尺码	XS	S	M	L	XL	合计
黑色（A01）						
白色（W01）						
黄色（Y02）						
粉红色（P02）						
浅蓝色（B01）						
孔雀蓝（B04）						
合计						
备注						

　　制衣厂生产技术部的服装跟单员需要重新制订生产单细数表（表5-2），从采购原材料起就运用生产单细数表来安排生产。在产品完成准备出厂时，再按与客户签订的订货合同中的订单细数表编写装箱单，安排装箱。

表5-2　生产单细数表

客户：××××　　　　　　　生产厂：××××　　　　　　损耗率：　　%

货号：×××××　　　　　　款式：×××××　　　　　　单位：件

交货日期：××××年××月××日　　　　　　　　交货地点：

颜色（色号）＼尺码	XS	S	M	L	XL	合计
黑色（A01）						
白色（W01）						
黄色（Y02）						
粉红色（P02）						
浅蓝色（B01）						
孔雀蓝（B04）						
合计						
备注						

一般来说，在生产难度中等、产品质量要求中等的情况下，应在订单交货数量的基础上增加5%的损耗量。损耗量是指在生产过程中因质量问题或其他原因导致的不能够出厂的次品量。如果该产品的生产难度很大，在生产过程中可能出现的次品数量会超出正常情况的预期，则制衣厂需要根据实际的难度增加生产损耗率，如从正常情况下的5%增加到7%甚至10%。同时，如果次品损耗率增加，必然会影响生产成本，故制衣厂在与客户进行生产价格谈判时，必须有先见之明，充分考虑到实际生产的难度，合理地进行报价，以免因忽视了生产难度及可能增加的次品率，使报价偏低，导致本厂遭受经济上的损失。

6.批量成衣制作的质量监控

由于批量成衣制作具有数量多、分解工序多、生产流程长的生产特点，因此在生产的各个不同阶段，包括生产前期、生产中期与生产后期，都必须根据产品特点实施有针对性的质量监控（图5-3）。

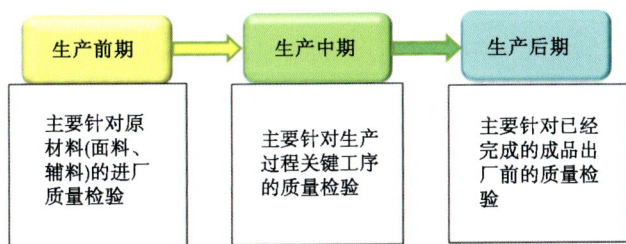

图5-3　生产不同时期的质量监控重点

批量成衣制作的质量监控手段主要有四级：第一级是各班组组长定期巡回抽检；第二级是在生产关键工序、难度较大工序专门设立质量控制点进行100%工序全检；第三级是不定期突击抽检；第四级是客户QC尾期进仓抽查开箱检验。这四级质量控制是层级递进的（图5-4）。

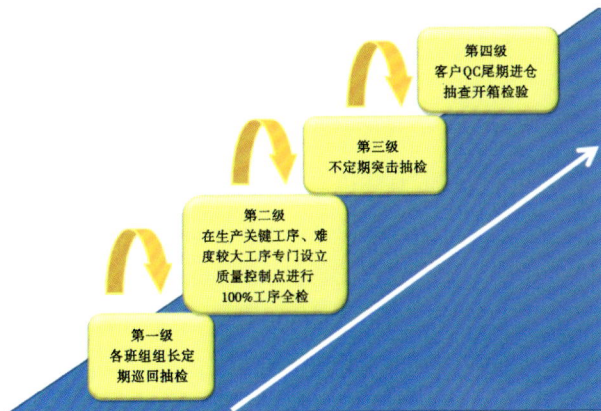

图5-4　服装批量生产四级质量管理

（1）定期巡回抽检

由各个生产班组的班组长负责，每天在工作时间内每半小时或一小时对本班组正在生产的产品按照5%的比例进行随机质量抽检。此为一级质量监控环节（图5-5）。

在服装批量生产的不同班组与工序，定期巡回进行产品质量抽检的周期时间长短是不同的，抽查的频率也有所不同，班组长需要根据实际产品的生产特点来选择合适的时间点与控制好抽查频率。如果款式复杂，生产难度大，出现质量问题的可能性高，应当增加抽检的密度与抽检样本的数量。如果款式简单，生产难度低，可以根据实际情况延长抽检的周期，降低质量抽检的密度。

（2）质量控制点

设立专门的质检员对半成品进行100%的质量检查，被检品被判断为质量合格方可流入下一工序继续生产。并非所有的生产工序都需要设立质量控制点，只有关键工序、生产难度高的工序，以及一旦出现问题会引起一系列严重连锁质量问题的工序，需要专门设立质量控制点，安排有高度责任心的质检员蹲点对半成品进行100%的质量全查。此为重点监控环节，是有效保证产品高质量、减少返工率的重要手段（图5-6）。

图5-5　各班组每天定期巡回抽检　　　　图5-6　设立质量控制点

图5-7　C001翻领短袖连衣裙

以图5-7款号为C001的翻领短袖连衣裙为例，其生产制作中难度较高、容易出现质量问题的工序主要集中在平车组：一是省道的拼接，二是门襟与领子的缝制。故车间工艺员在设计生产工艺流程时，安排了两次半成品全查，设立了专门的质量控制点来重点控制产品生产质量。图5-8中被圈起来的部分是需要在生产过程中设立质量控制点进行重点监控的工序，图5-9则是质量控制点进行质量检查的具体内容。

（3）不定期突击抽检

由制衣厂的质量监督部门的质量督察员、生产车间的质量员、工艺员、生产技术部跟单员组成，根据订单特点与产品数量，在各个生产阶段不定期对产品质量按照5%~10%的比例进行突击抽检。此为三级质量监控环节。

（4）客户QC尾期进仓抽查开箱检验

由客户QC对已经进仓的产品按照5%~7%的比例随机抽箱开箱进行质量抽查，并根据检验的结果出具质检报告，该质量检查报告是产品能否获得出厂付运的重要凭证。此为四级质量监控环节。

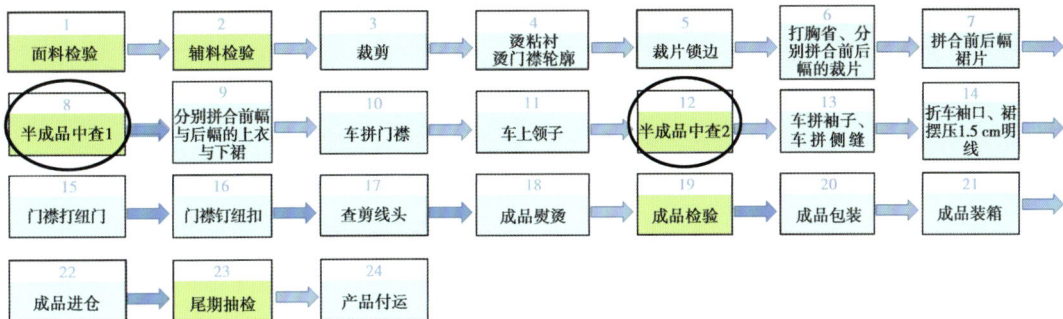

图5-8 翻领短袖连衣裙生产流程图

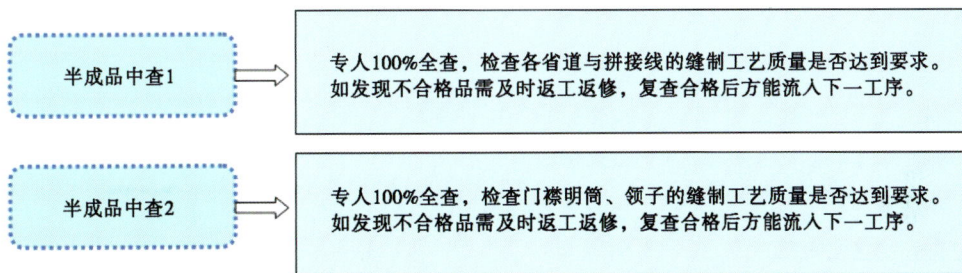

图5-9 质量控制点需要100%进行质量检查的内容

练一练

（1）右图是富华制衣厂准备生产的新产品，款号为A0101。与客户签订的订货合同中订单细数表如下，该产品的生产难度中等，根据以往的经验可以按照5%的损耗率来安排生产。请根据该订单细数表的数量，制订本厂生产单细数表，将相关的生产数量填写在对应位置。

订单细数表

客户：伟达　　　　　生产厂：富华制衣厂　　　　　单位：件

货号：A0101　　　　款式：180 g全棉针织平纹布印花T恤　　　　交货地点：广州

交货日期：2016年9月20日

颜色（色号） \ 尺码	XS	S	M	L	XL	合计
黑色（A01）	50	50	80	50	50	280
白色（W01）	50	50	80	50	50	280

续表

尺码 颜色（色号）	XS	S	M	L	XL	合计
黄色（Y02）	50	50	80	50	50	280
粉红色（P02）	50	50	80	50	50	280
浅蓝色（B01）	50	50	80	50	50	280
孔雀蓝（B04）	50	50	80	50	50	280
合计	300	300	480	300	300	1 680
备注						

生产单细数表

客户：伟达　　　　　　　生产厂：富华制衣厂　　　　　　损耗率：　　　%

货号：A0101　　　　　　款式：180 g全棉针织平纹布印花T恤　　单位：件

交货日期：2016年9月20日　　　　　　　　　　　　　　交货地点：广州

尺码 颜色（色号）	XS	S	M	L	XL	合计
黑色（A01）						
白色（W01）						
黄色（Y02）						
粉红色（P02）						
浅蓝色（B01）						
孔雀蓝（B04）						
合计						
备注						

（2）右图是富华制衣厂准备生产的新产品，款号为A0202。与客户签订的订货合同中订单细数表如下。请根据该产品的生产难度，确定损耗率，并根据订单细数表的数量，制订本厂生产单细数表，将相关的生产数量填写在对应位置。

订单细数表

客户：伟达　　　　生产厂：富华制衣厂

货号：A0202　　　　款式：180 g全棉针织平纹布印花T恤　　　　单位：件

交货日期：2016年9月20日　　　　交货地点：广州

颜色（色号）＼尺码	XS	S	M	L	XL	合计
蔚蓝-白（B04-W01）		60	80	60	60	260
紫色-白（P05-W01）		60	80	60	60	260
深绿-白（G07-W01）		60	80	60	60	260
合计		180	240	180	180	780
备注						

生产单细数表

客户：伟达　　　　生产厂：富华制衣厂　　　　损耗率：　　 %

货号：A0202　　　　款式：180 g全棉针织平纹布印花T恤　　　　单位：件

交货日期：2016年9月20日　　　　交货地点：广州

颜色（色号）＼尺码	XS	S	M	L	XL	合计
蔚蓝-白（B04-W01）						
紫色-白（P05-W01）						
深绿-白（G07-W01）						
合计						
备注						

（3）请为以下的质量监控手段选择需要抽检产品的比例数。

富华制衣厂准备生产的新产品，款号为A0101，订单总数为1 680件，客户QC在尾期进仓进行质量抽检时，该抽检比例是（　　　）。

A. 1%　　　　B. 5%　　　　C. 10%　　　　D. 20%

二、成品或半成品来料加工

所谓来料加工，是指制衣厂本身不需要自己去采购原材料，而是由客户提供相应的原材料（包括面料与辅料）交由制衣厂进行裁剪生产，或由客户事先完成裁剪工序的生产，把已经裁剪分解为裁片部件的半成品发送到制衣厂，再由制衣厂完成中间过程的缝制加工的合作模式。

制衣厂从事来料加工，其生产的利润仅为加工费。这种合作模式通常见于微型、小型制衣厂。相对于大批量生产与高级成衣定制来说，来料加工属于较为低端的生产合作模式。

1.成品或半成品来料加工的特点

制衣厂仅参与中间的缝制加工过程，无须参与完整的从验布、裁剪、生产、检验、包装、装箱、运输及出厂后售后服务的全过程。

来料加工中的"来料"是指客户提供的原材料，这些原材料有的是完整地经过进厂质量检验，但是尚未进行大货裁剪的面料布匹，有的是已经被裁剪为若干部件与零部件，再由制衣厂来完成中间的缝制加工过程。

2.来料加工的生产方式

来料加工适宜进行工序细分的流水生产线生产。这里需要注意两种情况，其侧重点是不同的：

①如果产品的工艺很简单，或者订单全数是由制衣厂进行加工，那么产品的生产工序（流水线）可以由制衣厂自己制订，但事先应根据订单的要求先做一件产前版给客户进行审批。审批后没有问题就可以进行生产。如简单的T恤生产或西装裙、西裤生产等。

②产品的生产工艺比较复杂、难度较高、工序较复杂。该制衣厂只是帮客户进行订单中部分数量或部分工序的生产。一般来说，客户的跟单员或工艺员需亲临本制衣厂进行操作指导，示范一件成衣的制作（或某道工序的制作），教会制衣厂的工艺员后，再由制衣厂的工艺员教各生产班组组长（指导工）进行生产。如复杂的羽绒服生产或运动服生产等。

3.来料加工制作的质量监控

不管是哪一种情况，确保产品的质量、数量与交货时间符合客户的要求是必须的。由于是由客户提供原材料（面料与辅料），因此对客户提供的原材料进行严格的进厂质量检验是必须的，必须高度重视。一旦发现原材料的质量有问题，必须及时反映给客户，争取时间进行解决。千万不要隐瞒质量问题，以免等到产品生产完成才曝光质量问题就为时已晚。

料加工，厂方应加强对生产过程的监控。最常采用的是由各班组定期巡回抽检，对
较大工序专门设立质量控制点进行100%的工序全检。

定制

高级成衣定制是指根据客户（消费者）需要，设计、裁剪与制作符合其体型特点、气质特点与个性喜好的产品。

1.高级成衣定制的特点

高级成衣定制的特点是突显个性化，避免雷同。从设计款式、颜色、选择原材料、制订成品

规格、选择制作工艺与装饰工艺等,都具有强烈的个性化。

2.适宜的消费群

适宜的消费群是有个性服装消费需求的、收入高的、社会地位较高的、对生活审美要求较高的富裕阶层或中产阶级。

3.高级成衣定制的优点

①可以最大限度地满足顾客(消费者)的需要。

②在接到定制单,即确定产品定点销售方向的情况下进行定制,可避免因产品滞销产生的库存积压。

③设计师可以运用高档的、更好的材料进行制作,以保证其可视美观度,与批量成衣相比具有更好的艺术鉴赏价值。

4.高级成衣定制的缺点

①生产数量少。

②开发制作成本高。

5.高级成衣定制的生产方式

首先要了解顾客,包括顾客的年龄、职业、喜好特点,充分了解顾客的需求。高级定制的工作流程如下:

①通过观察与交谈了解顾客的喜好与需求。

②下产品定制单(表5-3)。

表5-3 产品定制单

客户			布种	
订单号			款式	
款式图			量体尺寸(实体尺寸测量)	
		身高/cm		体重/kg	
		胸围/cm		腰节长/cm	
		腰围/cm		手臂长/cm	
		臀围/cm		裤长/cm	
		颈围/cm		上腿长/cm	
		头围/cm		胸高/cm	
前幅	后幅	腕围/cm		胸距/cm	

续表

成品规格					
上衣类			下装类		
部位	测量方法	尺寸/cm	部位	测量方法	尺寸/cm
衫长			腰围		
胸围			臀围		
肩宽			裙（裤）长		
袖长					
腰节长					
领宽					
前领深					
后领深					
腰围					
衫脚围					
工艺说明					
① ② ③ ④ ⑤ ⑥ ⑦ ⑧					
设计师			接单日期		
跟单员			试穿初版日期		
定金	已交	未交	试穿再版日期		
金额/元			完成成品日期		

③缴纳定金。

④测量体型尺寸（表5-4）。

表5-4　顾客体型测量表

测量部位	测量方法	测量图示
头围		
胸围		
腰围		
肩宽		
领围		
前领深		
胸高		
胸距		
腰节长		
臀高		
臀围		
手臂长		
腿长		
手腕围		
其他		

⑤框定选料范围。

⑥进行款式设计。

⑦初稿完成，与顾客进行初稿交流，修改初稿。

⑧设计定稿。

⑨选购原材料（面料加辅料）。

⑩制作裁剪图（纸样）。

⑪用毛坯布裁制面料，进行样衣试制。

⑫毛坯成衣试穿看效果。

⑬修改毛坯布样衣。

⑭确定尺寸。

⑮正式裁剪面料。

⑯正式缝制。

⑰完成制作，熨烫整理。

⑱质量检验。

⑲将产品交付给顾客。

⑳结算货款。

6.高级成衣定制生产注意事项

高级成衣定制的产品通常比较高档,因此对产品的质量要求也比较高。在进行高级成衣定制时,需要注意以下事项:

①尽可能全面地了解顾客,包括顾客的特点与需要。了解得越充分、越全面,成功设计满足顾客需要的产品的可能性就越高。

②对于顾客体型的判断要准确。包括体型目测(外观观察)与实体尺寸测量都需严谨细心,不能粗心大意。

③设计初稿时征求顾客的意见,尽量在定稿时能够满足顾客的需求。

④在产品试制过程中,应根据具体产品的特点安排试制样衣的试穿,通过对样衣试穿效果的观察及收集顾客试穿后的主观感受进行有针对性的调整修改。

⑤建立顾客档案或VIP会员制。建立顾客档案,可以保存顾客的体型信息,在顾客下一次光临时,可将该次量体的尺寸与上次量体的尺寸进行对比,以了解顾客体型的变化情况。当体型出现变化时,对产品设计也应有所调整。如果顾客是女性,且年龄在25~35岁,这刚好处于生育年龄高峰。女性在婚前、怀孕与生产后,体型会出现巨大的变化。因此,为顾客建立档案是十分必要的,这样可以很好地跟踪顾客体型与需求的变化,以便更好地为顾客服务。同时,应定期跟踪顾客对产品的满意度调查,最大限度地争取回头客。

建立VIP会员制,可以更好地为企业做宣传,并通过一定的优惠政策,争取顾客从首次顾客、临时顾客转为粉丝顾客、长期顾客。例如,可以让顾客缴纳一定的会费成为VIP会员,在会员有效期内,可享受9折的优惠政策。如果老顾客介绍新顾客,可以适当地给老顾客一定的优惠,每介绍一个新顾客,老顾客可在下一次9折消费的基础上再享受8.8折优惠。顾客对高级定制产品的满意程度越高,再次光临的可能性就越高,介绍的新顾客也会越多。

7.高级定制的质量监控

服装高级定制属于非常个性化、较高档的产品生产,基于其数量少、制作要求精良的特点,一般会安排技术娴熟的师傅进行制作,完成制作后经过质量检验合格方可交付给客人。

➤ 练一练 ⊢

(1)体型目测与尺寸测量:

同桌两人(同性别)为一组,互相进行体型目测判断和体型测量,将体型目测的结果与测量人体尺寸的结果填在产品定制单内。

产品定制单

客户		布种	
订单号		款式	

款式图	量体尺寸（实体尺寸测量）			

款式图	身高/cm		体重/kg	
	胸围/cm		腰节长/cm	
	腰围/cm		手臂长/cm	
	臀围/cm		裤长/cm	
	颈围/cm		上腿长/cm	
	头围/cm		胸高/cm	
前幅　　　　　后幅	腕围/cm		胸距/cm	

成品规格

上衣类			下装类		
部位	测量方法	尺寸/cm	部位	测量方法	尺寸/cm
衫长			腰围		
胸围			臀围		
肩宽			裙（裤）长		
袖长					
腰节长					
领宽					
前领深					
后领深					
腰围					
衫脚围					

工艺说明

①
②
③
④
⑤
⑥

续表

设计师			接单日期	
跟单员			试穿初版日期	
定金	已交	未交	试穿再版日期	
金额/元			完成成品日期	

（2）高级定制款式设计：

同桌两人（同性别）为一组，互为设计师，根据对方的需要设计一款产品，并将款式图与工艺说明写在产品定制单内。

【任务学习要点】

（1）什么是成衣批量生产？

（2）成衣批量生产采购原材料时如何预订数量？

（3）成衣批量生产的优势是什么？

（4）进行成衣批量生产时，应怎样监控产品的生产质量？

（5）什么是来料加工？

（6）什么是外发生产？

（7）什么情况下制衣厂进行来料加工，客户跟单员需要亲临示范生产过程的操作？

（8）为什么客户在将订单进行外发生产来料加工时，需要密切跟进监督生产过程？

（9）什么是高级成衣定制？

（10）高级成衣定制要注意哪些事项？

（11）高级成衣定制在测量顾客的体型尺寸时应注意什么？

（12）为什么高级成衣定制应建立顾客档案？

（13）高级成衣定制实行VIP会员制可采用哪些优惠促销策略？请举例说明。

任务六

服装生产流水线设计 》》

[任务重点] ①服装生产流水线的定义、内容与特点。

②设计生产流水线应遵循的原则。

③服装产品常见类型的生产流水线设计案例：

📥 男衬衫的生产流水线设计；

📥 男西裤的生产流水线设计；

📥 连衣裙的生产流水线设计；

📥 女春秋外套的生产流水线设计；

📥 针织圆领T恤的生产流水线设计。

④学习根据某款服装产品独立进行服装生产流水线的

设计。

[学习课时] 6课时。

【任务学习】

一、服装生产流水线的定义、内容与特点

服装生产流水线是指生产技术员（车间工艺员）根据所需生产的服装产品的特点，将整个生产过程分解为若干道连贯作业的生产工序，由不同的工人承担不同工序的生产操作，最终完成整件产品的生产过程。

由于整件衣服被分解为不同的工序，每道工序由固定的工人进行生产，同一工人同一道工序反复地劳动操作，动作趋于熟练，生产效率与生产质量较一个工人操作不同的工序要高。因此，服装生产流水线如果设计合理、安排工人合理，则具有生产效率高、产品质量较稳定等优点。

制衣车间根据所要生产的款式设计生产流水线，内容如图6-1所示，且这四项任务是层级递进的。

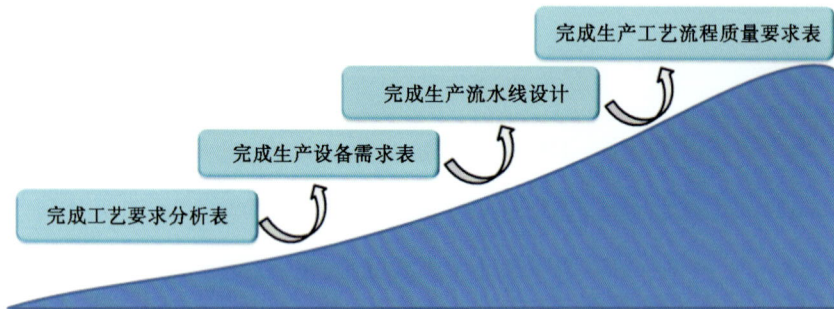

图6-1　服装产品生产流水线设计的四项任务

二、设计生产流水线应遵循的三大原则

服装产品的生产流水线设计，是由生产车间的工艺员来完成的。生产同一件产品，往往可以有多种方案，最终采用哪一种方案，应综合车间现有的实际条件来考虑，遵循经济、高效、质量稳定性强的三大原则。

例如同一件连衣裙，可以分解为3个方案，分别为15道工序、20道工序和25道工序方案。那么，最终选择哪一个方案进行生产是最快捷且质量有保障的呢？车间工艺员在选择生产流水线方案时，首先需要根据该产品的特点确定：生产的难点在哪里，最难保证质量的工序在哪里？该班组的工人中，谁能胜任？生产所需时间最长的工序是哪一道？需要运用特种机器的工序是哪一道，车间是否完全具备所需的生产设备？整条生产线铺开，技术工人数量够不够？哪一个方案最节省时间，生产效率最高，保证产品质量的可能性最高？这几个方案经过多方对比，从中选择一个最佳的、可行性最高的方案。

三、各类服装产品生产流水线的设计案例

根据服装的款式造型、功能特点等，可将服装划分为多种类型，包括衬衫、西裤、连衣裙、T恤、外套、内衣、内裤、泳装、礼服等。不同类型的产品具有各自鲜明的特点，但不同类型的产品都具有一个基本的原始造型。随着时代潮流的变化而不断出现的形式各异的款式，实际上都是从基本的原型变化而来的。因此，服装技术人员必须对各种不同的服装产品进行正确的制作工序分解，设计出合理的生产工艺流程。要想设计出高效率、质量稳定的生产流水线，首先就要了解这些常用服装类型是怎样进行生产流水线设计的。

以下选取衬衫、裤子、连衣裙、外套、T恤5种常见服装类型作为案例，对怎样分解工艺流程、设计合理高效的生产流水线进行教学分析。

1.衬衫的生产流水线设计

（1）衬衫的定义与类型

衬衫是穿在内外上衣之间，也可单独穿用的上衣。衬衫作为一个大部类，可以细分为不同的风格与类型，如正装衬衫、休闲衬衫、便装衬衫、家居衬衫、度假衬衫等（表6-1）。正装衬衫用于礼服或西服正装的搭配；便装衬衫用于非正式场合西服的搭配；家居衬衫用于非正式西服的搭配，如搭配毛衣和便装裤，居家和散步时穿着；度假衬衫则专用于旅游度假。

按产品所面向的消费者性别，衬衫可分为男式衬衫、女式衬衫和中性衬衫3种类型。男式衬衫外轮廓通常为直线条，外形干练、利落、整齐，左胸有一明贴袋。女式衬衫又可分为宽松款、合身款与紧身款3种。宽松款的外轮廓多为直线造型，合身款与紧身款的外轮廓多为收腰造型，再增加胸省与腰省，以体现女性体型婀娜多姿之美。男式衬衫与女式衬衫的一个重要区别是门襟纽扣的扣结方向不同：男式衬衫是穿起计左门襟开纽门，右门襟钉纽扣；女式衬衫是穿起计右门襟开纽门，左门襟钉纽扣。中性衬衫是指同时适合男性与女性穿着的衬衫，通常没有收腰收省，外轮廓以直线造型为主，纽扣的扣结方式与男式衬衫相同。

表6-1　衬衫的原型与变化造型

男式衬衫					
原型	变化1	变化2	变化3	变化4	变化5
女式衬衫					
原型	变化1	变化2	变化3	变化4	变化5

（2）衬衫的工艺要求分析表

衬衫的穿着范围很广，几乎可以涵盖四季。通常春夏季的衬衫质地比较单薄，秋冬季的衬衫质地比较厚实。不同厚度的衬衫在生产时，对工艺质量的要求也会存在不同。工艺质量要求往往是决定生产流水线设计的关键因素，是合理设计生产流水线的重要依据之一。因此，工艺员在对产品进行生产流水线设计时，应首先对产品的工艺质量要求做详细的分析。

下面以春、夏、秋季皆可穿着的男式衬衫A001款为例，对该款工艺要求进行详细分析（表6-2）。

表6-2　A001款男式衬衫的工艺要求分析表

款式图	工艺要求分析
前幅 后幅	①肩部拼接线前倾2.5 cm，拼骨倒向后幅压0.5 cm配色明线。 ②领面边缘压0.5 cm配色明线，左右前领尖各钉一颗直径1 cm的四眼装饰纽扣。纽扣为撞色，钉组扣色配组扣色。 ③商标车于后背距离领底线2 cm处，左右居中。商标两侧折叠压0.2 cm明线，倒车钉加固。面线配商标色，底线配衬身色。 ④穿起计在前胸车一明贴袋。袋口内折2 cm宽外压配衬身色明线，袋口边缘压配色明线0.2 cm，袋口处倒针车加固。 ⑤夹圈采用双合缝工艺，外观看不到线迹。 ⑥领座、领面、袋口、袖克夫、门襟贴内加粘衬，以防止变形。 ⑦门襟使用原身布拼接，3 cm宽，两侧各压0.2 cm配色明线。 ⑧下摆向内折叠2 cm宽压配色明线。 ⑨前门襟共钉6颗纽扣，直径1 cm，四眼撞色，钉十字工艺。钉纽扣的线色配组扣色。备用纽扣1颗，钉于腰内侧洗水唛的空白处。 ⑩袖克夫高5 cm，搭门宽2 cm，钉2颗直径1 cm四眼撞色纽扣，钉十字工艺。 ⑪后肩担肩为双层，纸口包含在内，拼骨倒向上压0.5 cm配衬身色明线。 ⑫后背中担肩下打工字褶一个，左右距离3 cm，褶量6 cm。 ⑬袖口后搭门处车宝剑头袖叉。
生产难点分析	
①领子必须左右对称，无皱褶、无折叠、无扭曲。 ②门襟必须保持上下宽度一致，平整无扭曲。 ③门襟纽扣必须保持各颗纽扣距离相等，纽扣扣合后处于门襟中部成一直线无弯曲。 ④袖叉长度与宽度必须左右一致，袖克夫扣合后不能露出内贴。 ⑤口袋必须平整服帖，不能歪斜，不能有跳线断线，袋口要服帖不能外翘变形。	
对策	
以上是在生产过程中容易出现质量问题的部位，应尽量安排技术熟练的工人进行生产操作，并在生产过程中加强对质量的抽查，要确保产品能够达到规定的质量要求。	

（3）生产衬衫所需的生产设备

衬衫品种款式不同，所需的生产设备也是不同的。其中女式衬衫由于涉及花边等较多的装饰物，所需要的生产设备也更多。下面以A001款男式衬衫为例，分别按照缝前设备、缝中设备与缝后设备对生产所需的机器设备进行需求分析（表6-3）。

表6-3　A001款男式衬衫生产设备需求表

缝前设备				
生产设备1	生产设备2	生产设备3	生产设备4	生产设备5
 验布机	 裁床	 裁剪工具	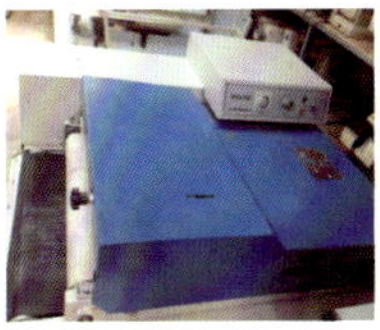 烫粘衬机	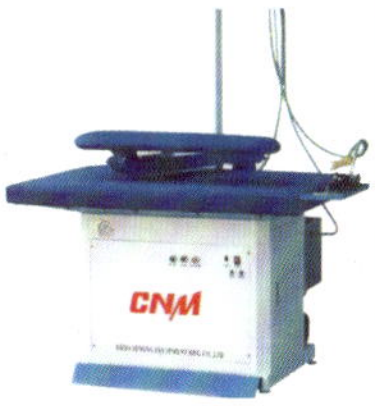 熨烫设备
缝中设备				
生产设备6	生产设备7	生产设备8	生产设备9	生产设备10
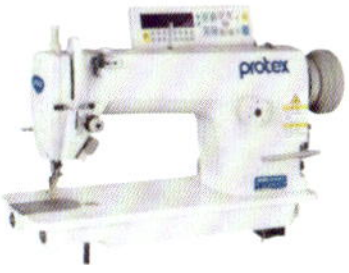 高速平缝机	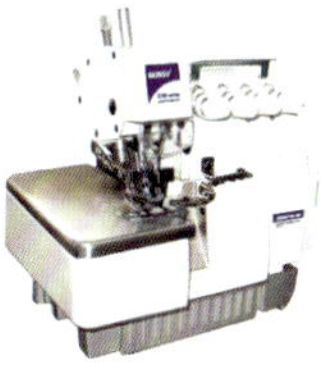 高速包缝机	 高速卷边机	 开组门机	 钉纽扣机
缝后设备				
生产设备11	生产设备12	生产设备13	生产设备14	生产设备15
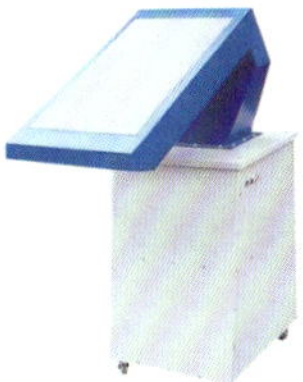 吸线头机	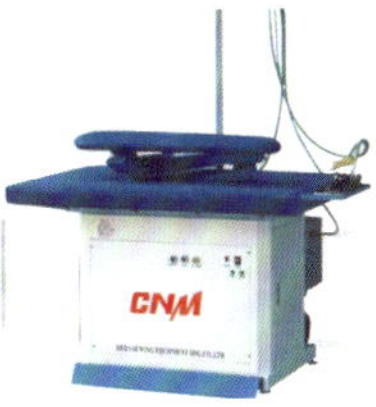 熨烫设备	 检验设备	 包装设备	 装箱设备

（4）男式衬衫的生产流水线设计

根据A001款男式衬衫的工艺质量要求与机器设备要求，工艺员最后确定的生产流程共包含28道工序。

在图6-2的生产工艺流程图中,有6道工序(工序1、2、10、15、23、27)是质量检验工序。其中,"工序1"与"工序2"属于"生产前的原材料质量检验","工序10"与"工序15"属于"在生产过程中的半成品质量全查","工序23"与"工序27"属于"成品质量检验"。这6道工序是设专人对产品进行100%质量检验的工序。

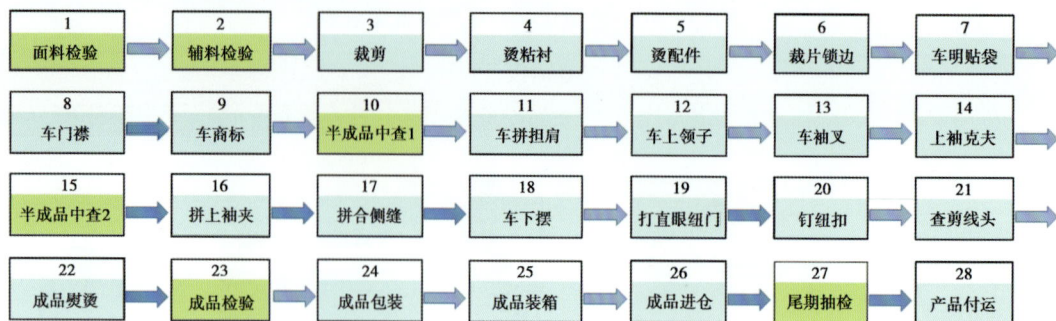

图6-2　A001款男式衬衫的生产工艺流程图

除了这6道工序外,其余工序则要求各班组组长按照一定比例进行巡回随机抽查,即根据每道工序的生产难易程度按5%~10%随机抽取样本进行质量检查。在一件产品的生产流水线中,不仅需要多班组、多员工共同协作完成制作过程,按时按量完成生产任务,还必须保证产品各个工序的半成品以及最终成品的生产质量。

在整条生产流水线中,每一道工序都有对应的班组、员工、使用的机器设备、质量控制的方法以及具体的工艺质量要求。生产车间的工艺员会制作完整的生产工艺流程质量要求表(表6-4),这是具体化、细致化的技术指导文件。工艺员会将每一道工序详细的工艺要求列在生产制造单中,与生产样衣一起悬挂于车间公示栏,供每一个班组的班组长查看。班组长会在这份工艺技术文件的指导下,进一步指导本班组的员工按照要求完成生产任务。

可见,在生产流水线中,质量检查、质量控制是贯穿于整个生产全过程的。

表6-4　A001款男式衬衫的生产工艺流程质量要求表

款号:A001

款式:牛津布男装长袖衬衫

工序	工序名称	班组/员工	应用设备	质量控制	质量要求
1	面料检验	裁床组/验布员	验布机、灯箱	100%过验布机全检	检验面料的幅宽、克重、纱支、颜色、批次、条重、表面疵点等,保证面料的质量
2	辅料检验	后工序组/质检员	检验台	按比例抽查	核对辅料(纽扣、粘衬、缝纫线、商标、洗水唛、合格证、挂牌、硬卡纸、领托、领夹、包装袋、纸盒等)的颜色、大小、厚薄、轻重是否与样本一致,核对各批次的数量是否与单据一致

工序	工序名称	班组/员工	应用设备	质量控制	质量要求
3	裁剪	裁床组/裁剪工	裁床、裁剪设备	按比例抽查	严格按照核对后的唛架图进行裁剪，对验布检出的瑕疵要合理避裁。操作要规范，保证最上层的裁片与最下层的裁片大小一致
4	烫粘衬	后工序组/熨烫工	烫床、烫粘衬机	按比例抽查	粘烫后的半成品服帖平整、不起皱、不起翘、不脱散。
5	烫配件（袋口与袋轮廓外形）	后工序组/熨烫工	烫床	按比例抽查	袋口折叠宽度一致，口袋的外轮廓边缘折叠大小与工艺要求一致，产品表面不能烫黄烫焦
6	裁片锁边	包缝机组/包缝工	包缝机组	按比例抽查	出缝口量要均匀，必须沿着裁剪的轮廓锁边
7	车明贴袋	平车组/平车工	高速平缝机	重点抽查设点全查	袋边的布纹走向与门襟一致，不能车歪，针迹线迹要保证0.2 cm宽，不能出现漏针与跳线。袋口线迹需倒针加固，不能脱散
8	车门襟	平车组/平车工	高速平缝机	重点抽查设点全查	保证门襟贴左右、上下、内外均为3 cm宽，平整服帖不起皱。边缘所压的0.2 cm明线需上下一致，没有漏针、跳线
9	车商标	平车组/平车工	高速平缝机	重点抽查设点全查	上下倒针加固，不能出现脱散。面线配商标色，底线配衫身色，针迹的疏密松紧要调整好，面料内外均不能露出撞色的线珠
10	半成品中查1	平车组/质检员	检验台	专人100%全查	检查明贴袋、门襟、商标的缝制工艺质量是否达到要求。如发现不合格品需及时返工返修，复查合格后方能进入下一道工序
11	车拼担肩	平车组/平车工	高速平缝机	按比例抽查	内部的纸口要均匀，外面所压的明线宽度要宽窄一致
12	车上领子	平车组/平车工	高速平缝机	重点抽查设点全查	左右对称，服帖，平整，不起皱，不打褶。线迹不能出现漏边、跳线等情况
13	车袖叉	平车组/平车工	高速平缝机	重点抽查设点全查	左右对称，长度与宽度要符合要求
14	上袖克夫	平车组/平车工	高速平缝机	重点抽查设点全查	服帖、平整，不能扭曲起皱。袖克夫所压的明线要宽窄一致，不能有跳线
15	半成品中查2	平车组/质检员	检验台	专人100%全查	检查领子、担肩、袖叉、袖口缝制工艺是否符合要求。如发现不合格品需及时返工返修，复查合格后方能进入下一道工序

续表

工序	工序名称	班组/员工	应用设备	质量控制	质量要求
16	拼上袖夹	特种机组/特种车工	高速合缝机	按比例抽查	松紧一致，不能起皱
17	拼合侧缝	特种机组/特种车工	高速合缝机	按比例抽查	松紧一致，不能起皱
18	车下摆	特种机组/特种车工	高速卷边机	按比例抽查	折叠进去的纸口一致，缝合后外观平整，服帖，不起皱
19	打直眼纽门	特种机组/特种车工	直眼锁纽门机	按比例抽查	严格按照规定的位置打纽门
20	钉纽扣	特种机组/特种车工	十字钉纽机	按比例抽查	钉好的纽扣不脱散，扣合后不会出现歪曲
21	查剪线头	后工序组/包装工	包装台吸线头机	按比例抽查	将产品内部与表面的死线与浮线全部清理干净。手工剪除线头时严禁把产品剪烂
22	成品熨烫	后工序组/熨烫工	熨烫设备	按比例抽查	熨烫后平整，服帖，不起皱，不变形，不出现黄印
23	成品检验	后工序组/质检员	检验台	成品100%全查	严格把关，若发现不符合质量要求的问题产品，需检出返工返修，以确保出厂产品均为合格品
24	成品包装	后工序组/包装工	包装台	按比例抽查	严格按照客户要求进行包装，各尺码分类堆放包装，以确保不装错、不漏装
25	成品装箱	后工序组/包装工	验针机、纸箱、打箱带机	按比例抽查	严格按照客户的装箱要求进行装箱，各尺码分类堆放装箱，以确保不装错、不漏装
26	成品进仓	后工序组/运输工	运输车	按比例抽查	凭装箱单、进仓单严格按照既定的时间进成品仓。认真清点箱数、箱号，确保不出差错
27	尾期抽检	后工序组/质检员、包装工	检验室	按比例抽查	积极配合客户QC与厂内质监部门对成品的质量抽查，及时整理经过检验后的产品重新装箱进仓。如尾期查出产品存在质量问题需要返工返修的，及时认真返查修正，以确保二次复检能够顺利通过
28	产品付运	运输组/搬运工	仓库物流	跟进货运进度	凭尾期查验合格放行单、出厂运输单，按照指定的出厂时间安排货品出厂

2.裤子的生产流水线设计

（1）裤子的定义与类型

裤子，泛指人套在腿部穿用的服装，一般由裤腰、前后左右的裤片、两条裤腿缝纫而成。裤子的应用范围相当广泛，类型也很多。按裤子的面料可分为棉裤、混纺裤、化纤裤、真丝裤等；按裤子的长短可分为长裤、九分裤、七分裤、中裤、短裤、三角裤等；按裤子裤管与裤脚的造型，可分为直筒裤、铅笔裤、喇叭裤、裙裤等；按裤子的穿用场所与穿用功能，可分为西裤、休闲裤、睡裤、内裤、泳裤、牛仔裤等（表6-5）。

表6-5　裤子原型与变化造型

男装裤子			
原型	变化1	变化2	变化3

女装裤子			
原型	变化1	变化2	变化3

（2）男西裤的工艺要求分析表

裤子造型的细节变化，主要集中在腰头、口袋、拉链开口处。由于人体的腰围与臀围存在着明显的宽窄差异，因此为使裤子的穿着效果符合人体工程学，需要在腰部通过收省、折叠等手段处理掉多余的布料，但保留一定的空间。裤子的穿着应美观大方且具有实用性、舒适性。不同的裤子造型对工艺质量的要求是不同的，下面以B001款男西裤为例，对男西裤的工艺要求进行详细分析（表6-6）。

<h3 align="center">表6-6　B001款男西裤的工艺要求分析表</h3>

款式图	工艺要求分析
 前幅 后幅	①前幅腰下左右各打两个褶，褶顶端下来3 cm在底部车固定，3 cm以下为活褶，从中间倒向两侧。 ②前幅左右两侧各车一个斜插袋。袋贴烫纸粘衬。袋口开口处长15 cm，袋口开口处距离腰侧缝3 cm。袋口上下两端打枣加固。 ③前裆内车配色3号尼龙拉链，长9 cm，外观车关刀缝。 ④裤裆底十字缝口处倒针车加固。 ⑤裤头内烫纸粘衬，裤头外左右各车两个裤耳，裤耳长6 cm，宽1 cm。裤耳上下两端需打枣加固。 ⑥裤头搭门位打一直眼纽门，长1.2 cm，下刀1 cm，钉直径1.2 cm有脚配色合金纽扣。 ⑦裤脚向内折4 cm宽，内边缘挑人字线。 ⑧后幅腰下左右各打两个省，内省省长9 cm，外省省长8.5 cm，省尖倒针加固。 ⑨后臀部左右各车一个双线暗袋（袋口长14 cm，宽1 cm），内放置袋盖（袋盖长14 cm，高3.5 cm），袋口贴与袋盖内均需烫纸粘衬。 ⑩后裤头中部车两个裤耳，两侧各车一个裤耳。裤耳长6 cm，宽1 cm。 ⑪袋盖钉一颗直径1.2 cm有脚配色合金纽扣。
生产难点分析	
①后臀部的两个双线袋必须左右对称，尺寸符合要求。 ②前幅两侧的斜插袋必须左右对称，尺寸符合要求，要平整服帖，不弯曲，不起翘，不起皱。 ③门襟拉链要平整服帖，拉合顺畅，外观线条美观。 ④裤头要平整服帖，不起皱，不扭曲。	
对策	
①将车后幅双线袋、前幅斜插袋、拉链门襟与车上裤头分开不同的工序，安排技术熟练的工人进行生产操作，并在生产过程中加强对质量的抽查，确保产品能够达到规定的质量要求。 ②对以上几个容易出现质量问题的工序，在半成品阶段安排设立质量控制点，由专人对车完后的半成品进行100%的质量检查，确保符合质量要求后再进入下一道工序。	

（3）生产裤子所需要的生产设备

裤子的产品类型不同，所需要的生产设备也是不同的。最基本的生产设备包括高速平缝机、高速包缝机、锁纽门机、钉纽扣机等。

根据具体生产的产品不同，还需要配备不同的专用机器，如生产牛仔裤，需要配备包边锁链机、卷车裤耳机、打撞钉机等；生产内裤和泳裤，需要配备加夹橡筋锁边机、绷缝机、多头锁链底绷缝机等；生产西裤，需要配备裤耳机；生产女装裙裤，在处理裤脚时需要使用卷边机等。

下面以B001款男西裤为例，分别按照缝前设备、缝中设备与缝后设备对生产所需的机器设备进行需求分析（表6-7）。

表6-7　B001款男西裤生产设备需求表

缝前设备				
生产设备1	生产设备2	生产设备3	生产设备4	生产设备5
验布机	裁床	裁剪工具	烫粘衬机	熨烫设备
缝中设备				
生产设备6	生产设备7	生产设备8	生产设备9	生产设备10
高速平缝机	高速包缝机	打枣机	开纽门机	钉纽扣机
生产设备11				
裤耳机				
缝后设备				
生产设备12	生产设备13	生产设备14	生产设备15	生产设备16
吸线头机	熨烫设备	检验设备	包装设备	装箱设备

（4）男西裤的生产流水线设计

根据B001款男西裤的工艺质量要求与机器设备要求，工艺员最后确定的生产流程共包含26道工序，如图6-3所示。

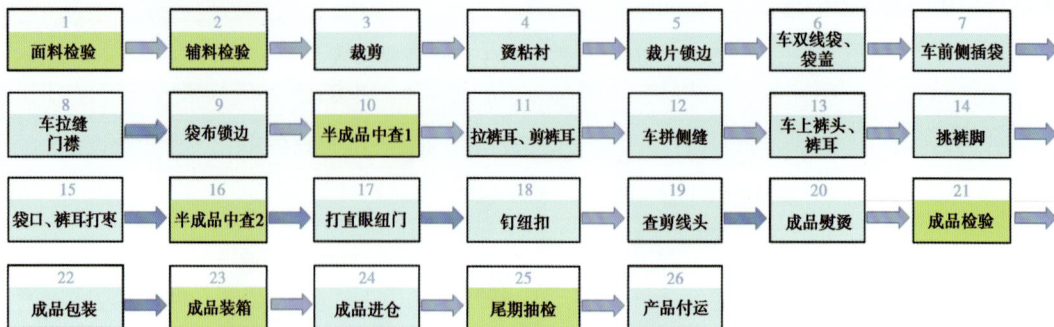

1 面料检验	**2** 辅料检验	**3** 裁剪	**4** 烫粘衬	**5** 裁片锁边	**6** 车双线袋、袋盖	**7** 车前侧插袋
8 车拉缝门襟	**9** 袋布锁边	**10** 半成品中查1	**11** 拉裤耳、剪裤耳	**12** 车拼侧缝	**13** 车上裤头、裤耳	**14** 挑裤脚
15 袋口、裤耳打枣	**16** 半成品中查2	**17** 打直眼纽门	**18** 钉纽扣	**19** 查剪线头	**20** 成品熨烫	**21** 成品检验
22 成品包装	**23** 成品装箱	**24** 成品进仓	**25** 尾期抽检	**26** 产品付运		

图6-3　B001款男西裤的生产工艺流程图

在图6-3的生产工艺流程图中，有6道工序（工序1、2、10、16、21、25）是质量检验工序。其中，"工序1"与"工序2"属于"生产前的原材料质量检验"，"工序10"与"工序16"属于"在生产过程中的半成品质量全查"，"工序21"与"工序25"属于"成品质量检验"。除了这6道工序是专门的质量检查，其余工序则要求各班组组长按照一定比例进行巡回随机抽查。

请注意，工序1与工序2均为产前检验的首要工序，而成品检验安排在"成品熨烫"与"成品包装"两个工序之间，尾期抽检则安排在"产品进仓"与"产品付运"两个工序之间。可见，产前检验与成品检验的工序布置都是稳定的、有规律的，而中期半成品全查的工序则需要根据具体的产品特点来设计。想一想：半成品中查（质量控制点）通常应当设立在生产流水线的哪一道工序中？或者说，生产过程中的哪一道工序必须设立质量控制点，对产品进行100%质量全查？

根据生产流程图，车间工艺员需要对男西裤的每一道工序制订详细的生产工艺流程质量要求表，用作指导生产的具体技术文件（表6-8）。

表6-8　B001款男西裤的生产工艺流程质量要求表

款号：B001

款式：毛涤男西裤

工序	工序名称	班组/员工	应用设备	质量控制	质量要求
1	面料检验	裁床组	验布机、灯箱	100%过验布机全检	检验面料的幅宽、克重、纱支、颜色、批次、条重、表面疵点等，保证面料的质量
2	辅料检验	裁床组	检验台、灯箱	按比例抽查	核对辅料的颜色、大小、厚薄、轻重是否与样本相一致，核对各批次的数量是否与单据一致

工序	工序名称	班组/员工	应用设备	质量控制	质量要求
3	裁剪	裁床组	裁床、裁剪工具	按比例抽查	严格按照核对后的唛架图进行裁剪，对验布检出的瑕疵要合理避裁。操作要规范，保证最上层的裁片与最下层的裁片大小一致
4	烫粘衬	后工序组/熨烫工	烫床、烫粘衬机	按比例抽查	熨烫粘衬后的裤头、后袋口贴、袋盖贴、前侧袋口贴、拉链贴、裤耳要服帖平整，不起皱，不起翘，不脱散
5	裁片锁边	包缝机组/包缝工	高速包缝机	按比例抽查	出缝口量要均匀，必须沿着裁剪的轮廓锁边
6	车双线袋、袋盖	平车组/平车工	高速平缝机	重点抽查设点全查	左右对称，袋口长、袋口宽、袋盖高尺寸符合要求，平整、服帖、不起皱。线迹不落坑、不跳线、不歪斜、不弯曲。每一个袋盖都符合既定的尺寸，服帖、不起翘
7	车前侧插袋	平车组/平车工	高速平缝机	重点抽查设点全查	左右对称，袋口长、袋口宽符合要求，平整、服帖、不起皱。线迹不落坑、不跳线、不歪斜、不弯曲
8	车拉链门襟	平车组/平车工	高速平缝机	重点抽查设点全查	保证门襟平整服帖不起皱。拉链顺畅不起皱，不漏针、不跳线。关刀位弧线流畅符合要求
9	袋布锁边	包缝机组/包缝工	高速包缝机	按比例抽查	严格控制好出纸口量，必须沿着轮廓线进行锁边
10	半成品中查1	平车组/质检员	检验台	专人100%全查	检查后幅双线袋、前幅拉链门襟、前幅侧插袋的缝制工艺质量是否达到要求。如发现不合格品需及时返工返修，复查合格后方能进入下一道工序
11	拉裤耳、剪裤耳	特种机组/特种机工	裤耳机	按比例抽查	裤耳的折叠宽度一致，线迹不跳线、不断线、不落坑。剪每一个裤耳的长度时尺寸一致
12	车拼侧缝	平车组/平车工	高速平缝机	按比例抽查	严格控制好纸口均匀，缝合后服帖平整、不起皱、不弯曲
13	车上裤头、裤耳	平车组/平车工	高速平缝机	重点抽查设点全查	平整、服帖、不扭曲、不起皱。线迹平行均匀，不跳线、不落坑、不弯曲、不断线。扣合上搭门后左右保持在水平线上。每一个裤耳尺寸都必须一致

续表

工序	工序名称	班组/员工	应用设备	质量控制	质量要求
14	挑裤脚	特种机组/特种机工	人字挑裤脚机	重点抽查设点全查	不跳线、不断线,裤脚折边宽度符合要求。成品表面看不出线的痕迹
15	袋口、裤耳打枣	特种机组/特种机工	打枣机	重点抽查设点全查	左右对称,线迹没有脱散,打枣位置正确,没有移位
16	半成品中查2	平车组/质检员	检验台	专人100%全查	检查上裤头、裤耳与挑裤脚的缝制工艺质量是否达到要求。如发现不合格品需及时返工返修,复查合格后方能进入下一道工序
17	打直眼纽门	特种机组/特种机工	直眼锁纽门机	按比例抽查	严格按照规定的位置打纽门
18	钉纽扣	特种机组/特种机工	十字钉纽机	按比例抽查	钉好的纽扣不脱散,扣合后不会出现歪曲
19	查剪线头	后工序组/包装工	包装台、吸线头机	按比例抽查	将产品内部与表面的死线与浮线全部清理干净。手工剪除线头时严禁把产品剪烂
20	成品熨烫	后工序组/熨烫工	熨烫设备	按比例抽查	熨烫后平整、服帖、不起皱、不变形、不出现黄印
21	成品检验	后工序组/质检员	检验台	成品100%全查	严格把关,若发现不符合质量要求的问题产品,需检出返工返修,以确保出厂产品均为合格品
22	成品包装	后工序组/包装工	包装台	按比例抽查	严格按照客户要求进行包装,各尺码分类堆放包装,以确保不装错、不漏装
23	成品装箱	后工序组/包装工	验针机、纸箱、打箱带机	按比例抽查	严格按照客户的装箱要求进行装箱,各尺码分类堆放装箱,以确保不装错、不漏装
24	成品进仓	后工序组/运输工	运输车	按比例抽查	凭装箱单、进仓单严格按照既定的时间进成品仓。认真清点箱数、箱号,确保不出差错
25	尾期抽检	后工序组/质检员、包装工	检验室	按比例抽查	积极配合客户QC与厂内质监部门对成品的质量抽查,及时整理经过检验后的产品重新装箱进仓。如尾期查出产品存在质量问题需要返工返修的,及时认真返查修正,以确保二次复检能够顺利通过
26	产品付运	运输组/搬运工	仓库物流	跟进货运进度	凭尾期查验合格放行单、出厂运输单,按照指定的出厂时间安排货品出厂

3.连衣裙的生产流水线设计

（1）连衣裙的定义与类型

连衣裙是指连接上衣与下裙为一个整体的裙装。连衣裙作为一个大部类，可以细分为不同的风格与类型（表6-9）。

连衣裙根据穿用季节的不同，可分为春夏季连衣裙、秋冬季连衣裙等；根据穿用的场合不同，可分为日常连衣裙、礼服连衣裙、婚纱连衣裙、睡衣连衣裙等；根据产品造型的不同，可分为长袖连衣裙、短袖连衣裙、背心连衣裙、吊带连衣裙、露背连衣裙等；根据连衣裙开门襟造型的不同，可分为对襟扣纽扣连衣裙、斜襟扣纽扣连衣裙、后背装拉链连衣裙、后背装隐形拉链连衣裙、腰侧装隐形拉链连衣裙等。

表6-9　连衣裙的原型与变化造型

原型	变化1	变化2	变化3

（2）连衣裙的工艺要求分析

不同款式造型的连衣裙，其工艺技术要求是不同的，下面以经典款短袖反领连衣裙C001款为例，对其工艺要求进行详细分析（表6-10）。

表6-10　C001款连衣裙的工艺要求分析表

款式图	工艺要求分析
 前幅	①前幅左右腋下各一个胸侧省。 ②前幅上衣左右对称各以公主线分割，腰部分割线分别与下裙的分割线相连接。 ③前幅中部拼接5 cm宽原身布门襟明筒，内烫纸粘衬，两端压配色明线0.2 cm宽。 ④胸筒竖向打1.5 cm长直眼纽门，钉9粒配衫身色直径1.3 cm两眼塑胶纽扣。其中第4粒纽扣位于腰线中部，其余各粒纽扣间距离等分。 ⑤领内烫纸粘衬。商标摄车于后领中领脚处。尺码唛摄车于商标的穿起计左侧。 ⑥袖口锁边，折边压1.5 cm宽配色明线。 ⑦裙下摆锁边，折边压1.5 cm宽配色明线。 ⑧后幅上衣左右对称各以公主线分割，腰部分割线分别与下裙的分割线相连接。

续表

款式图	工艺要求分析
后幅	⑨下裙内部缝制有配裙身色的尼龙里裙，里裙上端与腰线相连，里裙裙摆先锁边，在折纸口压1 cm宽的明线。 ⑩洗水唛车于穿起计左侧缝距离裙摆20 cm处，备用纽扣钉在洗水唛空白处。 ⑪本产品主挂牌在底、合格证在中间、价钱牌在面，用胶针打于商标上。 ⑫本产品使用套衣架进行挂装包装，再套上透明胶袋，胶袋口对折用两条透明胶封口。 ⑬本产品独色独码30件装一箱。

生产难点分析

①此款的生产难点在于门襟为狭长明筒，在缝制过程中容易因用力不均发生扭曲起皱现象，熨烫时也容易发生压黄。

②此款的前幅与后幅的衣片裁片数量较多，在连接上衣与下裙时，容易在上下拼接口处出现错位现象。

③容易发生纽扣距离不等现象。

④裙片较大，在缝制过程中容易发生拖污现象。

对策

①严密监控裁剪工序对门襟狭长明筒的尺寸控制，确保尺寸准确。

②在缝制门筒工序安排熟练技术工人进行生产操作，禁止安排初学的新人生产该工序，尽可能减少该工序质量问题的发生。

③在完成门襟的拼接缝制后，设立质量控制点对所有半成品进行100%的质量全查，保证质量合格才能进入下一工序继续生产。

④打纽门钉纽扣必须采用硬卡纸或锡纸精确定位，严密抽查打纽门工序，确保产品纽扣间距离相等，扣合纽扣后明筒两端平齐，不会露出低筒。

⑤成品抽检时密切留意纽扣钉上后的牢度要符合要求，不可轻易脱落。

⑥加强对熨烫工序的抽查监督，避免烫黄、烫起皱现象的发生。

⑦在缝制过程中加强对环境卫生的清洁，生产前与完成生产后应及时地清洁桌面与周边环境，杜绝油污与粉尘污染，对半成品、成品的存放需及时以布覆盖，以减少产品被拖污的机会。

（3）生产连衣裙所需要的生产设备

连衣裙款式不同，所需要的生产设备也是不同的。下面以C001款连衣裙为例，分别按照缝前设备、缝中设备与缝后设备对生产所需的机器设备进行需求分析(表6-11)。

表6-11　C001款连衣裙生产设备需求表

缝前设备				
生产设备1	生产设备2	生产设备3	生产设备4	生产设备5
 验布机	 裁床	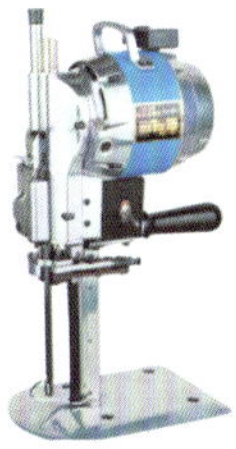 裁剪工具	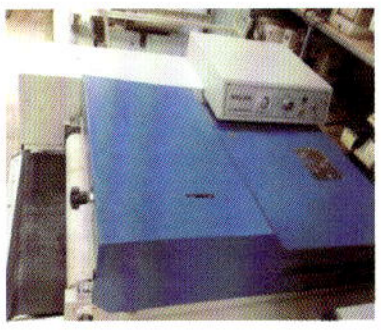 烫粘衬机	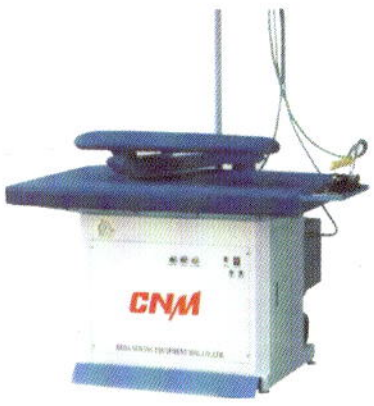 熨烫设备

缝中设备				
生产设备6	生产设备7			
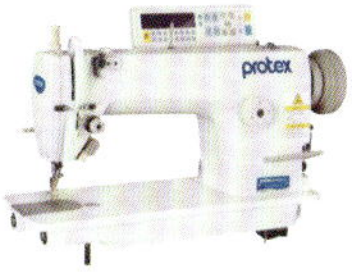 高速平缝机	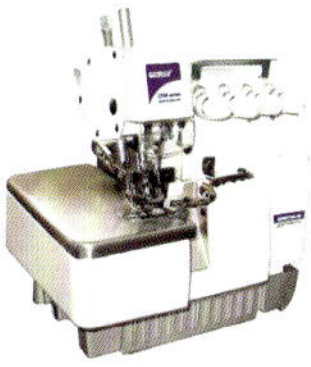 高速包缝机			

缝后设备				
生产设备8	生产设备9	生产设备10	生产设备11	
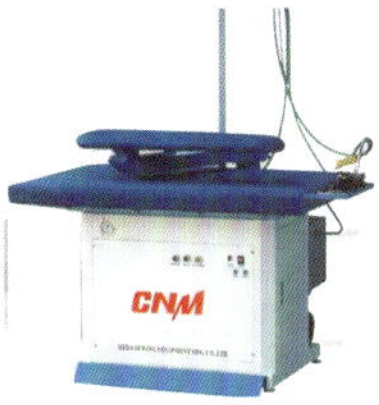 熨烫设备	 检验设备	 包装设备	 装箱设备	

（4）连衣裙的生产流水线设计

根据C001款连衣裙的工艺质量要求与机器设备要求，工艺员最后确定的生产流程共包含24道工序，如图6-4所示。

在图6-4的生产工艺流程图中，有6道工序（工序1、2、8、12、19、23）是质量检验工序。其中，"工序1"与"工序2"属于"生产前的原材料质量检验"，"工序8"与"工序12"属于"在生产过程中的半成品质量全查"，"工序19"与"工序23"属于"成品质量检验"。除了这6道工序是专门的质量检查，其余工序则要求各班组组长按照一定比例进行巡回随机抽查，即根据每道工序的生产难易程度按5%~10%随机抽取样本进行质量检查。在一件产品的生产流水线中，不仅需

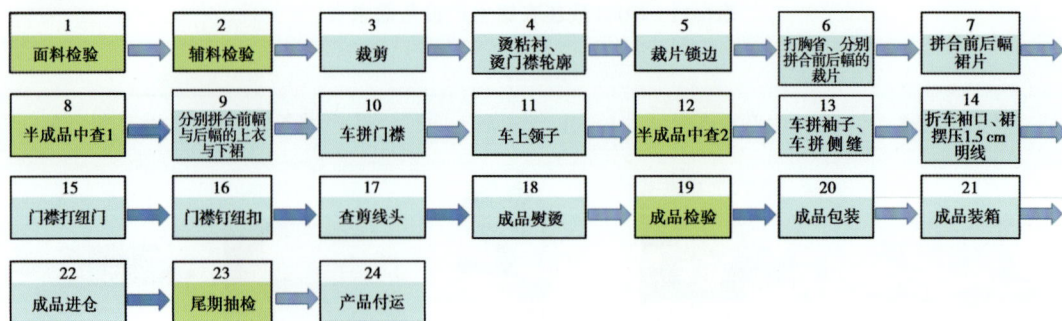

图6-4 C001款连衣裙的生产工艺流程图

要多班组、多员工共同协作完成制作过程,按时按量完成生产任务,还必须保证产品的生产质量。

在每一道工序,都有对应的班组/员工、使用的机器设备、质量控制的方法与具体的工艺质量要求。表6-12是C001款连衣裙的具体生产工艺流程质量要求表。

表6-12 C001款连衣裙的生产工艺流程质量要求表

款号:C001

款式:薄装全棉牛仔布连衣裙

工序	工序名称	班组/员工	应用设备	质量控制	质量要求
1	面料检验	裁床组/验布员	验布机、灯箱	100%过验布机全检	检验面料的幅宽、克重、纱支、颜色、批次、条重、表面疵点等,保证面料的质量
2	辅料检验	后工序组/质检员	检验台	按比例抽查	核对辅料(组扣、粘衬、缝纫线、商标、洗水唛、合格证、挂牌、硬卡纸、领托、领夹、包装袋、纸盒等)的颜色、大小、厚薄、轻重是否与样本一致,核对各批次的数量是否与单据一致
3	裁剪	裁床组/裁剪工	裁床、裁剪设备	按比例抽查	严格按照核对后的唛架图进行裁剪,对验布检出的瑕疵要合理避裁。操作要规范,保证最上层的裁片与最下层的裁片大小一致
4	烫粘衬烫门襟轮廓	后工序组/熨烫工	烫床、烫粘衬机	按比例抽查	粘烫后的半成品服帖平整、不起皱、不起翘、不脱散
5	裁片锁边	包缝机组/包缝工	包缝机组	按比例抽查	出缝口量要均匀,必须沿着裁剪的轮廓锁边
6	打胸省、分别拼合前后幅的裁片	平车组/平车工	高速平缝机	按比例抽查	加强抽查拼接后的省道是否左右对称,公主线拼接后是否线条匀称平整,是否存在起皱不均匀现象

工序	工序名称	班组/员工	应用设备	质量控制	质量要求
7	拼合前后幅裙片	平车组/平车工	高速平缝机	按比例抽查	注意抽查拼接线是否上下平整,拼接线的两端是否长度一致
8	半成品中查1	平车组/质检员	检验台	专人100%全查	检查各省道与拼接线的缝制工艺质量是否达到要求。如发现不合格品需及时返工返修,复查合格后方能进入下一工序
9	分别拼合前幅与后幅的上衣与下裙	平车组/平车工	高速平缝机	按比例抽查	重点抽查上衣与下裙在腰线处的拼接口是否上下对齐
10	车拼门襟	平车组/平车工	高速平缝机	按比例抽查	门襟明筒必须上下宽窄一致,不能有扭曲、起皱、压线落坑、跳线、断线等现象。明筒上衣段不能出现任何重复的线迹接口,接口应出现在裙片下端,开始缝制处应与最后收口缝制处重合,倒针加固
11	车上领子	平车组/平车工	高速平缝机	按比例抽查	必须左右对称,无起皱、无扭曲、无跳线以及压明线落坑现象
12	半成品中查2	平车组/质检员	检验台	专人100%全查	检查门襟明筒、领子的缝制工艺质量是否达到要求。如发现不合格品需及时返工返修,复查合格后方能进入下一工序
13	车拼袖子、车拼侧缝	平车组/平车工	高速平缝机	按比例抽查	袖山要圆润自然,注意区分前后袖山,不要装反左右袖
14	折车袖口、裙摆压1.5cm明线	平车组/平车工	高速平缝机	按比例抽查	严格保证整件的袖口与裙摆所折纸口与所压明线均为等宽,线迹无跳线、断线、落坑以及重复接口,缝制的开端与结束需倒针加固
15	门襟打纽门	特种机组/特种车工	直眼锁纽门机	按比例抽查	严格按照规定的位置打纽门,不能出现纽门间不等距现象
16	门襟钉纽扣	特种机组/特种车工	平行线钉纽机	按比例抽查	钉好的纽扣不脱散,扣合后不会出现歪曲
17	查剪线头	后工序组/包装工	包装台、吸线头机	按比例抽查	将产品内部与表面的死线与浮线全部清理干净。手工剪除线头时严禁把产品剪烂

续表

工序	工序名称	班组/员工	应用设备	质量控制	质量要求
18	成品熨烫	后工序组/熨烫工	熨烫设备	按比例抽查	熨烫后平整、服帖、不起皱、不变形、不出现黄印
19	成品检验	后工序组/质检员	检验台	成品100%全查	严格把关,若发现不符合质量要求的问题产品,需检出返工返修,以确保出厂产品均为合格品
20	成品包装	后工序组/包装工	包装台	按比例抽查	严格按照客户要求进行包装,各尺码分类堆放包装,以确保不装错、不漏装
21	成品装箱	后工序组/包装工	验针机、纸箱、打箱带机	按比例抽查	严格按照客户的装箱要求进行装箱,各尺码分类堆放装箱,以确保不装错、不漏装
22	成品进仓	后工序组/运输工	运输车	按比例抽查	凭装箱单、进仓单严格按照既定的时间进成品仓。认真清点箱数、箱号,确保不出差错
23	尾期抽检	后工序组/质检员、包装工	检验室	按比例抽查	积极配合客户QC与厂内质监部门对成品的质量抽查,及时整理经过检验后的产品重新装箱进仓。如尾期查出产品存在质量问题需要返工返修的,及时认真返查修正,以确保二次复检能够顺利通过
24	产品付运	运输组/搬运工	仓库物流	跟进货运进度	凭尾期查验合格放行单、出厂运输单,按照指定的出厂时间安排货品出厂

4.女装春秋外套的生产流水线设计

（1）女装春秋外套的定义与类型

女装春秋外套是指春秋两季穿在身上的外衣,具有保暖与美化的功能。外套按门襟开合处的造型,可分为单门襟、双门襟、不对称斜门襟等;按领子的造型,可分为青果领、西装领、丝瓜领、圆领、大翻领等;按口袋的造型,可分为单线袋、双唇袋、斜插袋等;按面料的厚薄及穿用的功能,可分为全里外套与单层外套(表6-13)。

女装春秋外套的生产工艺流程和生产难度是与其造型密切相关的。一般来说,有里布的外套的生产难度要高于没有里布的外套,工艺流程也是有里布的外套多于没有里布的外套。其中,领子的制作与口袋的制作往往是难度最高的部位,一般需要设置质量控制点安排专门的质检员进行蹲点100%全查。

表6-13　女装春秋外套的原型与变化造型

原型	变化1	变化2

变化3	变化4	变化5

（2）女装春秋外套的工艺要求分析表

不同款式造型的女装春秋外套，其工艺技术要求是不同的。

下面就以青果领D001款女装春秋外套为例，对其工艺要求进行详细分析（表6-14）。

表6-14　D001款女装春秋外套的工艺要求分析表

款式图	工艺要求分析
 前幅	①衣服为全里布制作。 ②前幅腋下左右各打一个胸省。 ③前幅左右各分割拼接公主线。 ④前幅左右下方各车一个有袋盖的双唇袋。袋口尺寸：15 cm×1 cm，袋盖尺寸15 cm×4 cm，袋盖两端为圆弧形。袋盖内层为配色尼龙里布，两层均烫纸粘衬。内袋唇贴烫纸粘衬。 ⑤门襟为单襟，横向开凤眼纽门3个，钉配色金属包纽3颗。第3颗的位置与口袋口平齐。3颗纽扣距离均等。

续表

款式图	工艺要求分析
后幅	⑥领形为青果状翻领，内烫纸粘衬。商标摄车于后领中下，尺码唛摄车于穿起计商标的左侧。 ⑦门襟内贴烫纸粘衬。 ⑧袖子为西装袖造型（大小袖片造型）。 ⑨后幅左右各分割拼接公主线，后中线破开拼接。 ⑩袖口、衫脚折进纸口3.5 cm烫平整，袖口内拼接的里布与衫脚拼接的里布预留0.7 cm的折叠宽松量。 ⑪洗水唛位于穿起计左腰侧距离下摆15 cm处。 ⑫主挂牌位于最底层，其次为备用纽扣、合格证，最外面为价钱牌，用透明环形索将其穿在商标处。 ⑬该款式为挂装包装，先穿衣架后，再套上胶袋，在胶袋下方对折5 cm用透明胶进行封口。 ⑭该款独色独码30件装一箱。

生产难点分析
①领子必须左右对称，无皱褶、无折叠、无扭曲。 ②前幅的口袋必须大小宽窄一致，左右对称，平整服帖，无起皱。 ③前幅的胸省与腰省必须左右对称。 ④门襟纽扣必须保持各颗纽扣距离相等，纽扣扣合后处于门襟中部呈一条直线，无弯曲。 ⑤西装袖（大小袖）造型，左右需对称，袖山需圆润。

对策
以上是在生产过程中容易出现质量问题的部位，应尽量安排技术熟练的工人进行生产操作，并在生产过程中加强对质量的抽查，要确保产品能够达到规定的质量要求。其中，缝制口袋、缝制前幅省道、上袖以及上领这四道工序需要设置质量控制点来对半成品进行100%的质量检查，以确保半成品以合格品的品质进入下一工序。

（3）生产女装春秋外套所需的生产设备

女装春秋外套款式不同，所需要的生产设备也是不同的。下面以D001款女装春秋外套为例，分别按照缝前设备、缝中设备与缝后设备对生产所需的机器设备进行需求分析(表6-15)。

表6-15　D001款女装春秋外套生产设备需求表

缝前设备				
生产设备1	生产设备2	生产设备3	生产设备4	生产设备5
验布机	裁床	裁剪工具	烫粘衬机	熨烫设备

缝中设备				
生产设备6	生产设备7	生产设备8	生产设备9	
高速平缝机	高速包缝机	开凤眼纽门机	钉纽扣机	

缝后设备				
生产设备10	生产设备11	生产设备12	生产设备13	生产设备14
吸线头机	熨烫设备	检验设备	包装设备	装箱设备

（4）女装春秋外套的生产流水线设计

根据D001款女装春秋外套的工艺质量要求与机器设备要求，工艺员最后确定的生产流程共包含28道工序，如图6-5所示。

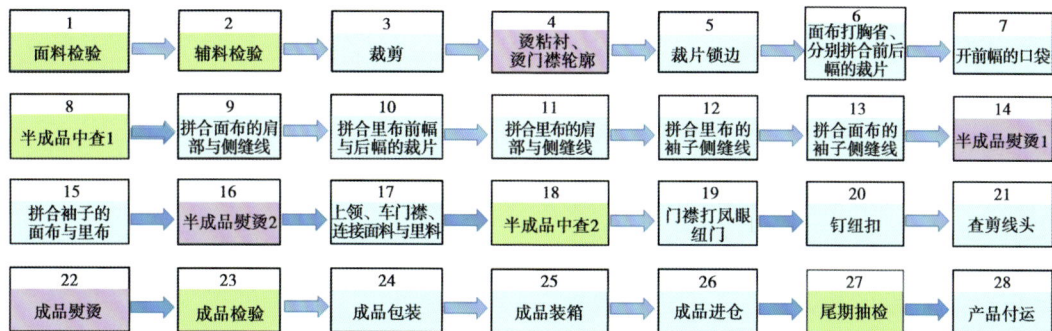

1 面料检验	2 辅料检验	3 裁剪	4 烫粘衬、烫门襟轮廓	5 裁片锁边	6 面布打胸省、分别拼合前后幅的裁片	7 开前幅的口袋
8 半成品中查1	9 拼合面布的肩部与侧缝线	10 拼合面布前幅与后幅的裁片	11 拼合里布的肩部与侧缝线	12 拼合里布的袖子侧缝线	13 拼合面布的袖子侧缝线	14 半成品熨烫1
15 拼合袖子的面布与里布	16 半成品熨烫2	17 上领、车门襟、连接面料与里料	18 半成品中查2	19 门襟打凤眼纽门	20 钉纽扣	21 查剪线头
22 成品熨烫	23 成品检验	24 成品包装	25 成品装箱	26 成品进仓	27 尾期抽检	28 产品付运

图6-5　D001款女装春秋外套的生产工艺流程图

在图6-5的生产工艺流程图中，有6道工序（工序1、2、8、18、23、27）是质量检验工序。其中，"工序1"与"工序2"属于"生产前的原材料质量检验"，"工序8"与"工序18"属于"在生产过程中的半成品质量全查"，"工序23"与"工序27"属于"成品质量检验"。除了这6道工序是专门的质量检查，其余工序则要求各班组组长按照一定比例进行巡回随机抽查，即根据每道工序的生产难易程度按5%~10%随机抽取样本进行质量检查。在一件产品的生产流水线中，不仅需要多班组、多员工共同协作完成制作过程，按时按量完成生产任务，还必须保证产品的生产质量。可见，在生产流水线中，质量检查、质量控制贯穿于整个生产全过程。

在本款女装春秋外套的生产流水线设计中，有4道工序（工序4、14、16、22）是熨烫工序。其中，"工序4"属于"生产前"的裁片熨烫，"工序14"与"工序16"属于"在生产过程中的半成品熨烫"，"工序22"属于"成品"熨烫。当生产有里布的服装时（包括全里服装与半里服装），为了保证产品的生产质量，常常需要在生产过程中加入半成品熨烫工序。在每一道工序，都有对应的班组/员工、使用的机器设备、质量控制的方法与具体的工艺质量要求，如表6-16所示。车间工艺员会将每一道工序详细的工艺要求列在生产制造单中，与样衣一起悬挂于车间公示栏，供每一个班组的班组长查看。班组长会在这份工艺技术文件的指导下，进一步指导本班组的员工按照要求完成生产任务。

表6-16　女装春秋外套的生产工艺流程质量要求表

款号：D001

款式：女装春秋青果领外套

工序	工序名称	班组/员工	应用设备	质量控制	质量要求
1	面料检验	裁床组/验布员	验布机、灯箱	100%过验布机全检	检验面料的幅宽、克重、纱支、颜色、批次、条重、表面疵点等，保证面料的质量
2	辅料检验	后工序组/质检员	检验台	按比例抽查	核对辅料（纽扣、粘衬、缝纫线、商标、洗水唛、合格证、挂牌、硬卡纸、领托、领夹、包装袋、纸盒等）的颜色、大小、厚薄、轻重是否与样本相一致，核对各批次的数量是否与单据一致
3	裁剪	裁床组/裁剪工	裁床、裁剪设备	按比例抽查	严格按照核对后的唛架图进行裁剪，对验布检出的瑕疵要合理避裁。操作要规范，保证最上层的裁片与最下层的裁片大小一致
4	烫粘衬、烫门襟轮廓	后工序组/熨烫工	烫床、烫粘衬机	按比例抽查	粘烫后的半成品服帖平整、不起皱、不起翘、不脱散、左右对称
5	裁片锁边	包缝机组/包缝工	高速包缝机	按比例抽查	出缝口量要均匀，必须沿着裁剪的轮廓锁边
6	面布打胸省、分别拼合前后幅的裁片	平车组/平车工	高速平缝车	按比例抽查	省道左右对称，拼合线要上下一致、端口对齐、松紧一致
7	开前幅的口袋	平车组/平车工	高速平缝车	重点抽查、设点全查	袋边的布纹走向与门襟一致，不能车歪，针缝线迹要保证0.2 cm宽，不能出现漏针与跳线。袋口线迹需倒针加固，不能脱散

工序	工序名称	班组/员工	应用设备	质量控制	质量要求
8	半成品中查1	平车组/质检员	检验台	专人100%全查	检查明贴袋、门襟、商标的缝制工艺质量是否达到要求。如发现不合格品需及时返工返修,复查合格后方能流入下一工序
9	拼合面布的肩部与侧缝线	平车组/平车工	高速平缝机	按比例抽查	拼合线要上下一致、端口对齐、松紧一致
10	拼合里布前幅与后幅的裁片	平车组/平车工	高速平缝机	按比例抽查	拼合线要上下一致、端口对齐、松紧一致
11	拼合里布的肩部与侧缝线	平车组/平车工	高速平缝机	按比例抽查	拼合线要上下一致、端口对齐、松紧一致
12	拼合里布的袖子侧缝线	平车组/平车工	高速平缝机	按比例抽查	拼合线要上下一致、端口对齐、松紧一致
13	拼合面布的袖子侧缝线	平车组/平车工	高速平缝机	按比例抽查	拼合线要上下一致、端口对齐、松紧一致
14	半成品熨烫1	后工序组/熨烫工	熨烫设备	按比例抽查	熨烫后的半成品各部位平整、服帖、不起皱、不变形、不出现黄印。面布的肩部、腰部侧缝线、袖子侧缝线纸口应左右分开烫平整;里布的肩部、腰部侧缝线、袖子侧缝线纸口应统一倒向后幅烫平整
15	拼合袖子的面布与里布	平车组/平车工	高速平缝机	按比例抽查	拼合线要上下一致、端口对齐、松紧一致
16	半成品熨烫2	后工序组/熨烫工	熨烫设备	按比例抽查	重点在于将袖山的弧度效果烫出来,要圆顺服帖,同时袖口要将里布的拼接处烫服帖,预留出0.5 cm的折叠宽松量
17	上领、车门襟、连接面料与里料	平车组/平车工	高速平缝机	重点抽查、设点全查	保证门襟贴左右、上下、内外均为3 cm宽,平整服帖不起皱。边缘所压的0.2 cm明线需上下一致,没有漏针、跳线

续表

工序	工序名称	班组/员工	应用设备	质量控制	质量要求
18	半成品中查2	平车组/质检员	检验台	专人100%全查	仔细检查每一件衣服的口袋、门襟、袖子、领以及侧缝是否左右对称，确保没有明显的质量问题
19	门襟打凤眼纽门	特种机组/特种车工	凤眼锁纽门机	按比例抽查	严格按照规定的位置打纽门
20	钉纽扣	特种机组/特种车工	十字钉纽机	按比例抽查	钉好的纽扣不脱散，扣合后不会出现歪曲
21	查剪线头	后工序组/查剪工	检验台	成品100%全查	初步检查成衣质量，清剪整件衣服所有缝制接口的多余线头，清除衣服上的浮线。要求不能遗留多余的线头，不能把衣服剪破洞
22	成品熨烫	后工序组/熨烫工	熨烫设备	按比例抽查	熨烫后平整、服帖、不起皱、不变形、不出现黄印
23	成品检验	后工序组/质检员	检验台	成品100%全查	严格把关，若发现不符合质量要求的问题产品，需检出返工返修，以确保出厂产品均为合格品
24	成品包装	后工序组/包装工	包装台	按比例抽查	严格按照客户要求进行包装，各尺码分类堆放包装，以确保不装错、不漏装
25	成品装箱	后工序组/包装工	验针机、纸箱、打箱带机	按比例抽查	严格按照客户的装箱要求进行装箱，各尺码分类堆放装箱，以确保不装错、不漏装
26	成品进仓	后工序组/运输工	运输车	按比例抽查	凭装箱单、进仓单严格按照既定的时间进成品仓。认真清点箱数、箱号，确保不出差错
27	尾期抽验	后工序组/质检员、包装工	检验室	按比例抽查	积极配合客户QC与厂内质检部门对成品的质量抽查，及时整理经过检验后的产品重新装箱进仓。如尾期查出产品存在质量问题需要返工返修的，及时认真返查修正，以确保二次复检能够顺利通过
28	产品付运	运输组/搬运工	仓库物流	跟进货运进度	凭尾期查验合格放行单、出厂运输单，按照指定的出厂时间安排货品出厂

5.针织T恤的生产流水线设计

（1）针织T恤的定义与类型

针织T恤是指运用针织面料制作的简易上衣，通常以圆领、V领居多。夏天的T恤通常印绣有图案，可以直接穿在身体外面，穿着舒适，视觉效果美观大方，深受消费者欢迎。

针织T恤大多印制或绣制有图案，图案往往是设计中的重点。有图案的面料通常根据图案的位置可分为以下3种类型：第一种是匹印或匹绣（在整匹面料上进行印花或绣花）；第二种是片印或片绣（即在T恤的局部裁片上进行印花或绣花，如在前幅正中或左前胸绣制图案）；第三种是件印或件绣（在半成品或已经完成缝制的成品上进行印花或绣花，如在下摆进行印花）。

　　根据这3种印绣方法的不同，检验工序的设置也有所不同：

　　对第一种匹印（匹绣）的质量检验，应放在缝制前的验布工序进行，在验布的过程中同时检验图案的印绣质量；如发现微小的瑕疵，则需要在裁剪时进行目标明确的合理避裁。见表6-17中的男装T恤变化3的袖子图案与前幅下半身拼幅图案。

　　对第二种片印（片绣），一般是先经过验布、开裁后，再抽取局部的裁片送到印花厂（绣花厂）进行片印（片绣），印片（绣片）回厂后设专人进行100%的质量检验，判定合格后方可进入下一工序缝制。见表6-17中针织女装T恤原型。

　　对第三种件印（件绣），则是在完成了半成品或整件成衣的缝制工序后，先将半成品或成品进行质量检查，确定没有问题了再送印花厂（绣花厂）进行图案印绣的加工。产品完成图案印绣回厂后，质检员必须再次对产品进行全面的质量检查，被判断为合格的产品方可进入包装装箱工序。

表6-17　针织T恤的原型与变化造型

针织男装T恤			
原型	变化1	变化2	变化3
针织女装T恤			
原型	变化1	变化2	变化3

　　可见，针织T恤图案的印绣位置与印绣方法对生产工艺流程的编制是有一定影响的，即便是同一款式造型，其图案采用的是匹印（匹绣）、片印（片绣）还是件印（件绣）工艺，都会导致

其生产工艺流程的不同。

（2）针织T恤的工艺要求分析

由于制作针织T恤的针织面料具有良好的弹性与伸缩性，故生产的设备与生产梭织产品的设备有所不同，高速包缝机的运用频率超越了高速平缝机成为最重要的生产设备，而处理袖口、衫下摆与口袋折边则较多使用高速绷缝机。高速平缝机多用于车商标、车袖口加固、车口袋等细节加工。

下面以E001款男装针织罗纹圆领短袖印花T恤为例，对其工艺技术要求进行分析（表6-18）。

表6-18　E001款男装针织罗纹圆领短袖印花T恤的工艺要求分析表

款式图	工艺要求分析
后幅 后幅	①四线轧拼肩，内加0.5 cm宽棉扁带。 ②肩部拼骨前倾1.2 cm，拍骨向后压0.5 cm配色明线。 ③三线轧上罗纹领，32支/2棉氨纶配衫身色1+1罗纹。 ④领圈用配色线进行双针四线骑缝冚。 ⑤三线轧上袖子，夹圈双针四线骑缝冚。 ⑥四线轧侧缝，洗水唛轧于穿起计左侧骨离衫脚7 cm处。 ⑦双针四线勾冚袖口、衫脚2.5 cm宽。 ⑧商标车于后领中，两端车加固，高度位于领圈上下居中。车缝线面线配商标色，底线配衫身色。 ⑨前胸有印花。 ⑩主挂牌在底、合格证在中间、价钱牌在面，用透明胶针串在一起打在商标上。 ⑪产品平面折叠为22 cm×16 cm，装进23 cm×17 cm胶袋中，用透明胶进行封口。 ⑫本产品独色独码40件装一箱。
生产难点分析	
①左右肩在包缝时如果操作方式不当，容易拉伸变形。 ②领罗纹要上得均匀、服帖、不起皱、不变形有一定难度，需要动作熟练且具备一定的经验。 ③双针四线冚领要线迹均匀、不落坑。	
对策	
①工艺员制订每个码数的单肩宽长度尺寸，要求操作工人严格按照该尺寸进行生产，并加强在生产过程中的质量抽检，以最大限度地保证产品质量。 ②轧上罗纹领有一定的难度，尽量安排技术良好、经验丰富的熟手工人进行生产操作，并加强在生产过程中对上罗纹领的质量抽查。	

（3）生产针织T恤所需要的生产设备

针织T恤品种款式不同，所需的生产设备也是不同的。下面以E001款针织T恤为例，分别按照缝前设备、缝中设备与缝后设备对生产所需的机器设备进行需求分析（表6-19）。

表6-19　E001款针织T恤生产设备需求表

缝前设备				
生产设备1	生产设备2	生产设备3	生产设备4	生产设备5
 验布机	 裁床	 裁剪工具	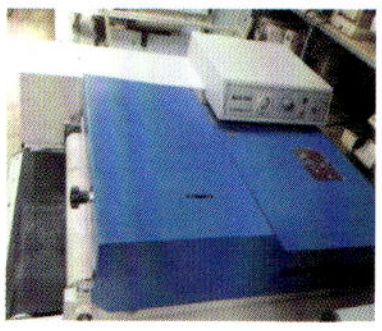 烫粘衬机	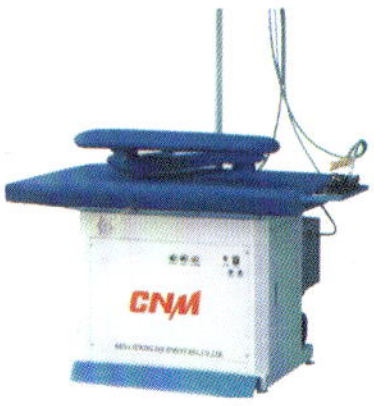 熨烫设备
缝中设备				
生产设备6	生产设备7	生产设备8	生产设备9	
 高速平缝机	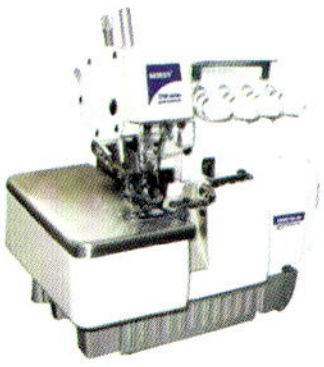 高速包缝机	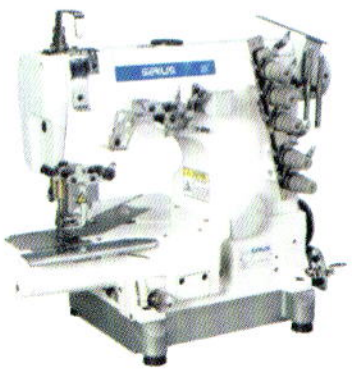 双针四线筒状绷缝机	 双针四线平台绷缝机	
缝后设备				
生产设备10	生产设备11	生产设备12	生产设备13	生产设备14
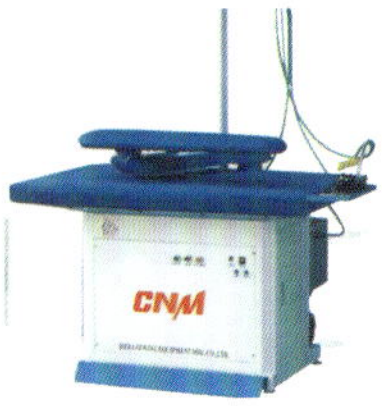 熨烫设备	 检验设备	 包装设备	 验针机	 装箱设备

（4）男装针织罗纹圆领短袖印花T恤的生产流水线设计

根据E001款男装针织罗纹圆领短袖印花T恤的工艺质量要求与机器设备要求，工艺员最后确定的生产流程共包含20道工序，如图6-6所示。

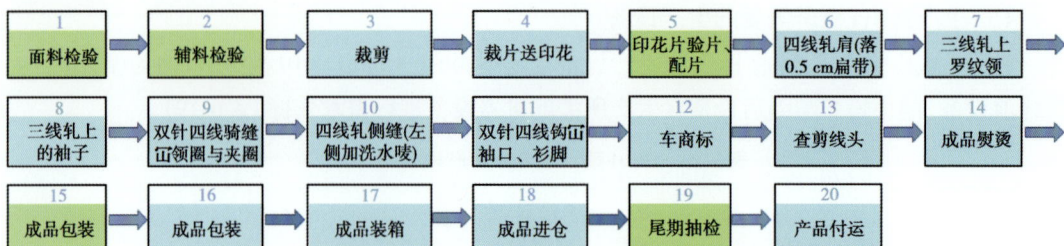

图6-6　E001款男装针织罗纹圆领短袖印花T恤的生产工艺流程图

在上述生产工艺流程图中，有6道工序（工序1、2、5、15、19）是质量检验工序。其中，"工序1"与"工序2"属于"生产前的原材料质量检验"，"工序5"属于"在生产过程中的半成品发外加工质量全查"，"工序15"与"工序19"是"成品质量检验"。

表6-20是该针织T恤的具体生产工艺流程表。

表6-20　E001款针织T恤的生产工艺流程质量要求表

款号：E001

款式：男装针织罗纹圆领短袖印花T恤

工序	工序名称	班组/员工	应用设备	质量控制	质量要求
1	面料检验	裁床组/验布员	验布机、灯箱	100%过验布机全检	检验面料的幅宽、克重、纱支、颜色、批次、条重、表面疵点等，保证面料的质量
2	辅料检验	后工序组/质检员	检验台	按比例抽查	核对辅料（缝纫线、商标、洗水唛、合格证、挂牌、拷贝纸、牛油纸、包装袋、纸箱等）的颜色、大小、厚薄、轻重、印制的内容等是否与样本一致，核对各批次的数量是否与单据一致
3	裁剪	裁床组/裁剪工	裁床、裁剪设备	按比例抽查	严格按照核对后的唛架图进行裁剪，对验布检出的瑕疵要合理避裁。操作要规范，保证最上层的裁片与最下层的裁片大小一致
4	裁片送印花	裁床组/裁剪工	裁床	按比例抽查	按照款号、尺码、颜色、开裁的批次分别将前幅与后幅抽出来送去印花厂进行图案印花
5	印花片验片、配片	后工序组/质检员	检验台	按比例抽查	对每一件印花片与客户核准的印花样本进行核对，确保质量达到要求才能配片进入生产缝制工序

工序	工序名称	班组/员工	应用设备	质量控制	质量要求
6	四线轧肩（落0.5 cm扁带）	包缝机组/包缝工	四线包缝机	按比例抽查	每一件都左右对称,长度符合每个码数的单肩宽长度要求
7	三线轧上罗纹领	包缝机组/包缝工	三线包缝机	重点抽查	上领后圆顺服帖、不起皱、不打褶、罗纹宽度一致,无跳线、无断线
8	三线轧上袖子	包缝机组/包缝工	三线包缝机	按比例抽查	平顺服帖、不起皱,前后左右对称,无跳线、无断线
9	双针四线骑缝乸领圈与夹圈	特种机组/绷缝工	双针四线筒状绷缝机	重点抽查	平顺服帖、不起皱、无跳线、无断线,线迹无落坑
10	四线轧侧缝（左侧加洗水唛）	包缝机/包缝工	四线包缝机	按比例抽查	平顺服帖、不起皱、无跳线、无断线,夹底交界处应呈现十字形。洗水唛轧于穿起计离下摆7 cm处,不能轧到洗水唛上的内容,不能轧反洗水唛
11	双针四线钩乸袖口、衫脚	特种机组/绷缝工	双针四线平台绷缝机	按比例抽查	平顺服帖、不起皱、无跳线、无断线、无扭曲、无歪斜,折进去的纸口保持均匀一致
12	车商标	平车组/平车工	高速平缝机	重点抽查、设点全查	上下倒针加固,不能出现脱散。面线配商标色,底线配衫身色,针迹的疏密松紧要调整好,面料内外均不能露出撞色的线珠
13	查剪线头	后工序组/包装工	包装台	按比例抽查	将产品内部与表面的死线与浮线全部清理干净。手工剪除线头时严禁把产品剪烂
14	成品熨烫	后工序组/熨烫工	熨烫设备	按比例抽查	熨烫后平整、服帖、不起皱、不变形、不出现黄印
15	成品检验	后工序组/质检员	检验台	成品100%全查	严格把关,若发现不符合质量要求的问题产品,需检出返工返修。以确保出厂产品均为合格品
16	成品包装	后工序组/包装工	包装台	按比例抽查	严格按照客户要求进行包装,各尺码分类堆放包装,以确保不装错、不漏装
17	成品装箱	后工序组/包装工	验针机、纸箱、打箱带机	按比例抽查	严格按照客户的装箱要求进行装箱,各尺码分类堆放装箱,以确保不装错、不漏装

续表

工序	工序名称	班组/员工	应用设备	质量控制	质量要求
18	成品进仓	后工序组/运输工	运输车	按比例抽查	凭装箱单、进仓单严格按照既定的时间进成品仓。认真清点箱数、箱号，确保不出差错
19	尾期抽检	后工序组/质检员、包装工	检验室	按比例抽查	积极配合客户QC与厂内质监部门对成品的质量抽查，及时整理经过检验后的产品重新装箱进仓。如尾期查出产品存在质量问题需要返工返修的，及时认真返查修正，以确保二次复检能够顺利通过
20	产品付运	运输组/搬运工	仓库物流	跟进货运进度	凭尾期查验合格放行单、出厂运输单，按照指定的出厂时间安排货品出厂

【实践作业八】分解工艺流程

请在以下3个款式中选择一个款式，尝试设计出最佳的生产流程方案。这3个款式存在不同的难度级别，请根据自己的实际能力选择难度适合的款式进行工艺流程分解。

（1）作业内容：

①完成工艺要求分析表。

②完成生产设备需求表。

③完成该款式的生产流水线设计。

④完成该款式的生产工艺流程质量要求表。

（2）作业质量要求：

①对款式特点与生产难度要有清晰的认知，并能够对生产难点提出相应的对策。

②对款式所需要使用的设备要有清晰的认知。

③能够在分解工艺流程时体现经济、高效、质量稳定性强的原则。

④能根据生产难点适当设立质量控制点。

⑤能够对款式生产过程中的每道工序提出具体的质量要求。

（3）备选款式：

备选款式A	毛涤混纺女装春秋装长外套
码数	S码、M码、L码
颜色搭配	主身色/袖臂环色 米灰色（G02）/熟褐色（Y12）　　米白色（W02）/浅褐色（Y10）
订单数量	每色每码各100件，合计共600件

备选款式B	100%聚酯纤维背心连衣裙
码数	S码、M码、L码
颜色搭配	主身色/侧裙拼幅色 浅蓝色（B01）/白色（W01）　　粉红色（P02）/白色（W01）　　丁香紫（P03）/白色（W01）
订单数量	每色每码各100件，合计共900件

续表

备选款式C	雪纺背心连衣裙
码数	S码、M码、L码
颜色搭配	主身色 丁香紫（P03）　　米黄色（Y03）　　粉红色（P02）
订单数量 	每色每码各100件，合计共900件 

得分：＿＿＿＿＿＿＿＿＿＿

教师：＿＿＿＿＿＿＿＿＿＿

【本任务评分占比】

序号	评分项目	分数占比/%	评价等级/分			得分/分
			A级	B级	C级	
1	工艺要求分析表	25	25	22	20	
2	生产设备需求表	25	25	22	20	
3	生产流水线设计	25	25	23	20	
4	生产工艺流程质量要求表	25	25	23	20	
	合计	100	100	90	80	

请你在备选的3个款式中选择其中一个款式,根据所提供的图片与文字信息,尝试设计出最佳的生产流程方案。这3个款式存在不同的难度级别,请你根据自己的实际能力选择难度适合的款式进行工艺流程分解。

作业内容:

①完成工艺要求分析表

②完成生产设备需求表

③完成该款式的生产流水线设计

④完成该款式的生产工艺流程质量要求表

(1)款式_____的工艺要求分析表

款式图	工艺要求分析
	① ② ③ ④ ⑤ ⑥ ⑦ ⑧ ⑨ ⑩ ⑪ ⑫ ⑬ ⑭ ⑮ ⑯ ⑰ ⑱
生产难点分析	
① ② ③ ④	
对策	
① ② ③ ④	

（2）款式＿＿＿＿的生产设备需求表

缝前设备				
生产设备1	生产设备2	生产设备3	生产设备4	生产设备5
缝中设备				
生产设备6	生产设备7	生产设备8	生产设备9	生产设备10
缝后设备				
生产设备11	生产设备12	生产设备13	生产设备14	生产设备15

（3）款式_____的生产流水线设计

（4）款式_____的生产工艺流程质量要求表

款号：

款式：

工序	工序名称	班组/员工	应用设备	质量控制	质量要求
1					
2					
3					
4					
5					
6					
7					
8					
9					
10					
11					
12					
13					

续表

工序	工序名称	班组/员工	应用设备	质量控制	质量要求
14					
15					
16					
17					
18					
19					
20					
21					
22					
23					
24					
25					

任务七
服装生产后期的工作跟进 »

[任务重点]　①产品的查剪、熨烫与成品检验。

②产品的包装与装箱。

③产品进仓与尾期质量抽检。

④产品的物流运输。

⑤产品的售后服务。

[学习课时]　8课时。

》》》》》》 【任务学习】

生产后期的工作跟进包括出厂前跟进与出厂后跟进两大部分 (图7-1)。出厂前工作跟进包括产品的查剪、熨烫、成品检验、包装、装箱、运输进成品仓、接受客户的到仓抽箱检验、合格品出厂付运；出厂后工作跟进包括跟进物流过程确保准时到达指定收货地点、跟进加单事宜、处理售后服务。

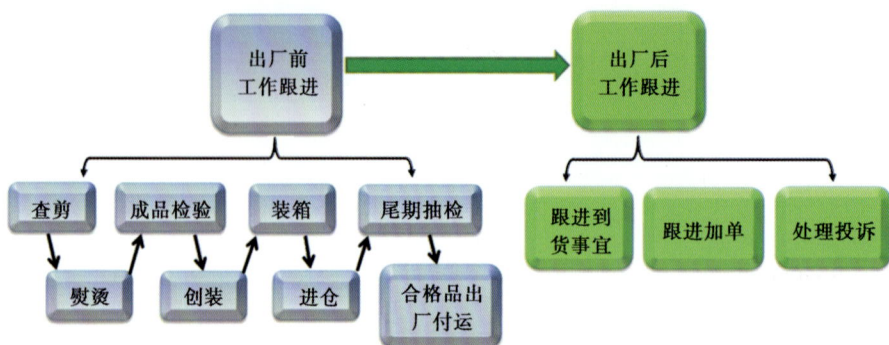

图7-1　生产后期的工作跟进

一、产品的查剪、熨烫与成品检验

产品的熨烫与成品检验属于生产过程的后工序阶段。当服装产品完成全部缝制过程后，便进入后工序整理阶段。后工序按照时间的先后顺序，包括查剪→熨烫→成品→检验→包装→装箱→运输到仓库这几道工序。

1. 产品的查剪

查剪是进入后整理工序组的第一道工序，包含初步检查产品质量与全面清剪线头两项工作内容。已经基本完成全部缝制工序的服装产品，经流转运送到后工序组进行后期的加工整理。负责查剪工序的工人，一边对产品进行初步的质量检查，一边对成衣各个部位的线头进行清剪，包括清剪缝制起端、末端、交接口的线头以及粘附在成品上的浮线 (图7-2)，使用的专用工具是清剪线头小剪刀 (图7-3)。

如果该工序发现质量问题，将被退回原工序进行返工修理。

在该工序的操作过程中，由于使用小剪刀进行线头清理，如果操作工人粗心大意，很有可能因为剪破衣服而造成新的质量问题。如果因为清剪线头而使原本完好的产品受损，属于严重的工作失误，将直接造成不能出厂的次品。因此，从事该工序的工人必须具备细心与责任心强的工作素质。

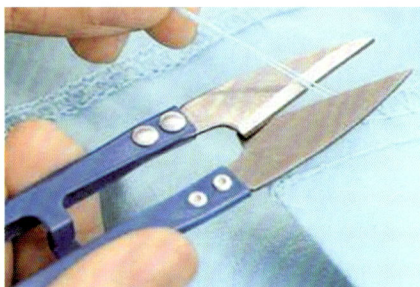

图7-2　工人正在手工查剪线头

图7-3　清剪线头的专用小剪刀

在对产品表面的浮线进行清理时，有一种专门的机器叫作吸线头机（图7-4），其工作原理是通过强劲的风力将粘附在产品表面的浮线吸除。与人工去除浮线相比，机器去除浮线可以大大地提高生产效率。

吸线头机在生产梭织服装的工厂里比较常见，但在生产针织服装的工厂里较少使用，这与面料的性能特点密切相关。由于梭织产品的纱线组织是经纬纱交织而成，拉伸力度小，没有弹性或弹性很小，具有不易变形的特点，因此适合使用吸线头机来帮助快速去除浮线。而用针织面料制作的成衣，由于具备一定的拉伸性与弹性（尤其是纬编针织面料），在外力的作用下，很容易变形，如针织1×1罗纹（图7-5）、针织2×2罗纹（图7-6）、针织3×3罗纹（图7-7）、针织抽针罗纹（图7-8）、针织威化布（图7-9）、针织

图7-4　EL-161吸线头机

双面布、针织双面提花布（图7-10）等，都是比较容易发生变形的面料，用这类面料制作的成衣，都不适合使用吸线头机来去除浮线。

不过，对于有些比较厚实的、不易变形的针织面料制作的外套，可以根据实际情况考虑使用该设备。只要不易变形就问题不大，厂方可以根据实际情况来选择使用。

图7-5　针织1×1罗纹

图7-6　针织2×2罗纹

图7-7　针织3×3罗纹

图7-8　针织抽针罗纹

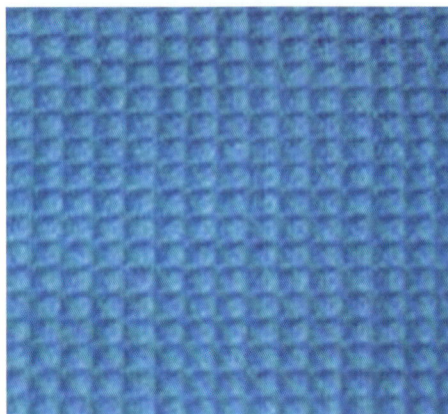

图7-9　针织威化布

图7-10　针织双面提花布

2. 产品的熨烫

熨烫是指通过高温的熨烫设备对产品进行压烫整理（图7-11）或者竖向喷烫整理，把产品在生产过程中形成的褶皱烫平整，使之光洁、平整、美观。熨烫工序需要工人站立着进行高温工作，需要耗费较多的体力，因此熨烫工序的工人一般是身材较为高大的男性工人。

最常用的熨烫设备有抽风烫床（图7-12）与夹烫机（图7-13）等。

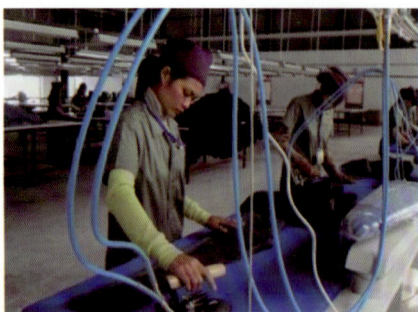

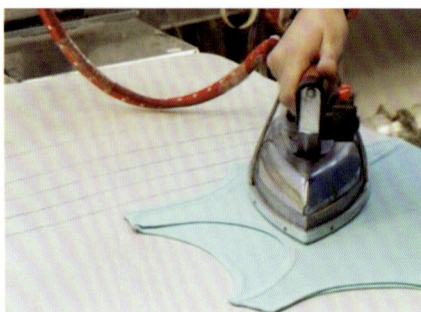

图7-11　熨烫工序

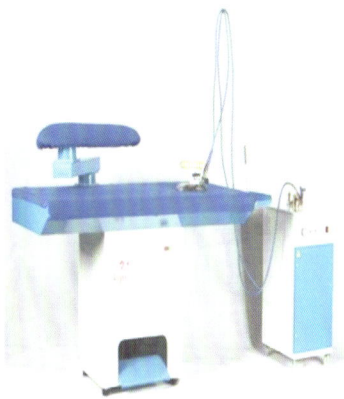

图7-12 抽风烫床

图7-13 夹烫机

常用的工业熨斗如图7-14所示。

（a）

（b）

（c）

图7-14 工业熨斗

3. 产品的成品检验

产品的成品检验是产品出厂前的重要质量把关工序。从事该工序的工人其职位是质检员（图7-15），并在专门的检验台上对产品进行全面的质量检验（图7-16）。

图7-15 服装质检员在检验成品质量

图7-16 专业成衣检验台

服装质检员在正式上岗前，必须经过系统全面的质量检验知识与技能培训，且通过理论与实践考试，合格方可获得质检员资格。作为合格的服装质检员，必须掌握全面的质量检验方法，熟悉质量检验标准,具备高超的观察能力,能够通过检验操作发现产品是否存在质量问题,并作出正确的质量判断,对产品的质量进行等级划分,如一等品、二等品、三等品以及等外品等,进而根据产品的质量等级作出是否放行出厂的评定。一等品、二等品与三等品均属于合格品的范畴,其中一等品是质量最优的产品。

对于存在质量问题的等外品,服装质检员需根据质量问题的严重程度与可否修正改善的程度,对问题产品作出返工返修、降等或报废的处理。

经过检验后被判定为合格品的产品,将可以进入下一步的包装、装箱工序。而被判定为质量不合格的产品,质检员还需要进一步作出返工返修、降等或报废的判断。合格品与不合格品需要严格分开放置,如果放置不当,容易使次品甚至报废品被当作合格品进行包装、装箱,流入市场,造成非常不良的后果。

(1)合格品

合格品是指经过检验,没有发现存在质量问题,达到客户要求的质量标准、可以出厂付运的产品。通常合格的服装产品会在出厂时在商标上附上合格证(图7-17),以便消费者在购买时可以清晰地看到其合格品标签。同时,在洗水唛上可以显示制衣厂编号(图7-18),以便产品出厂后如果发现质量问题,可以跟踪追溯到当前出厂进行质量把关的质检员是谁,从而可以追究工作失职责任。

图7-17　产品合格证

图7-18　洗水唛上的厂家标识

(2)三返产品(返工、返修、返检)

需要进行返工返修的产品,是指那些当前存在质量问题,但是经过返回原工序进行修改后,再次质量检验有望符合合格品标准的产品。这些需要返工返修的不合格品,质检员通常需要对其进行以下操作:

①作标记;

②分类放置;

③登记在册;

④退回原工序返工返修;

⑤工序组长检查返修质量,达到合格标准后再次送检;

⑥质检员再次复检；

⑦达到合格品标准可以放行出厂。

首先，质检员需要先对产生质量问题的产品进行问题点标记，通常可以修理的质量疵点可用木头夹子夹起来以作标记。

第二，对问题产品按照工序进行分类存放，在存放区树立清晰的"不良品待返修""已返修待复查"及"次品"标志。

第三，对问题产品进行操作工人的工号登记（表7-1）。

第四，将这些需要返工返修的产品按照工序组退回给班组长，由班组长发回给相应的工人进行返修。

第五，产品经过返工返修后，由各工序的班组长进行质量复检，只有复检合格，才能重新进行"查剪→熨烫→再次进行成品质量检验→判定产品质量合格→包装→装箱→付运"这一流程，使不合格品得以重新成为合格品出厂。

有时候，同一件产品会存在多处质量问题，比如一件翻领的POLO T恤，款号为C001，同时出现了车歪商标与衫脚冚线弯曲不直共两处质量问题，分别需要退回平车组和绷缝机组进行返工。一般来说，应根据流水线生产的先后次序，将产品退回靠前的工序返工。以C001款反领POLO T恤为例，应先退回平车组拆掉车歪的商标重车，当平车组完成返修并经班组长复检判断合格后，再发往绷缝机组进行返工。

表7-1 产品返工返修登记表（范例表格）

生产车间：　　　　　　　　　　　　　　质检员：

年份：　　　　　月份：　　　　　　　　质量主管：

班组 日期（星期）	裁床组 组长：	平车组 组长：	包缝机组 组长：	绷缝机组 组长：	特种机组 组长：	后工序组 组长：
1月1日（五）						
1月2日（六）						
1月3日（日）						
1月4日（一）						
1月5日（二）						
1月6日（三）						
1月7日（四）						
1月8日（五）						
1月9日（六）						
1月10日（日）						
1月11日（一）						
1月12日（二）						
1月13日（三）						

续表

日期（星期） \ 班组	裁床组 组长：	平车组 组长：	包缝机组 组长：	绷缝机组 组长：	特种机组 组长：	后工序组 组长：
1月14日（四）						
1月15日（五）						
1月16日（六）						
1月17日（日）						
1月18日（一）						
1月19日（二）						
1月20日（三）						
1月21日（四）						
1月22日（五）						
1月23日（六）						
1月24日（日）						
1月25日（一）						
1月26日（二）						
1月27日（三）						
1月28日（四）						
1月29日（五）						
1月30日（六）						
1月31日（日）						
合　计						

产品返工返修登记表的作用在于分类统计各工序班组的产品次品返工情况。通过该表格，哪个工序出现质量问题多，质量主管一看就一目了然。每个月月末，质检员将对该表进行汇总统计，将各工序出现问题的总数量填写在合计栏内。然后，该表交由统计员进行工号质量返修统计。根据各工号操作工人的质量问题的多寡，对该工人以及其所属班组的组长进行质量工作等级评价。如果超出预期漏检率的，将以每件多少钱进行奖金扣罚。同时，在各个班组工人完成基本工作任务的前提下，奖励质量最好、返工率最低的前三名。赏罚分明的制度将有利于促进生产车间对产品质量的重视，能够切实地提高生产质量。

（3）降等

降等就是降低等级，又称次品，是指产品存在质量问题，但是已经无法返工返修，只能作质量等级下降处理的产品。例如，某印花T恤因为印花图案出现套位重叠错位，但其他工序又没有明显质量问题，那么该产品应从"合格品"或者"一等品"降低为"二等品"或"等外品"。降等意味着可以出厂售卖给消费者，但是价格必须下降。如果该产品属于本厂自行开发生产、自主营销、自负盈亏的产品，降等的标准则应按照国标要求来进行。如果该产品属于接单生产型产品，那么对其质量的判断就应该严格按照客户的要求来进行。如果出现了等外品，应及时将数量如实地告知客户，争取客户的谅解，根据产品的质量情况适当地进行降价处理。不应为了眼前的利益，企图瞒天过海地鱼目混珠，冒充合格品（一等品）出厂。否则，一旦在尾期查货或者产品出厂后被发现问题，客户要追究责任时，就不仅仅是经济损失，同时还损失了制衣厂的质量信誉，以后想再合作就很难了。

（4）报废

报废是指该产品存在很严重的质量问题，且无法返工返修，达不到最基本的质量检验标准，无法满足消费者的穿着需要。因此，作报废处理的产品又称废品，不能够出厂销售给消费者，只能进行销毁。出现以下几种情况，必须进行报废处理：

①产品已经制造完成，但面料被检测出存在严重的甲醛含量超标。

②产品已经制造完成，但面料被检测出存在严重的耐磨度不达标，轻轻用力就能把面料纤维撕裂。

③胸筒严重车歪的POLO T恤衫。

➤)练一练(◀

判断题：

①熨烫是指通过高温的熨烫设备对产品进行压烫整理。 （   ）

②熨斗与烫床主要分布在生产车间的后工序组。 （   ）

③钉组扣工序通常安排在查剪线头之前。 （   ）

④查剪只包括全面清剪线头这一项工作内容。 （   ）

⑤产品根据质量水平可以分为一等品、二等品、合格品与等外品。 （   ）

⑥验布机与裁床主要分布在生产车间的后工序组。 （   ）

⑦后工序对产品进行尾期质量检验后发现质量问题被判定为不合格品的，通常作报废处理。

（   ）

⑧产品返工返修登记表的作用在于分类统计各工序班组的产品次品返工情况。通过该表格，哪个工序出现质量问题多，质量主管一看就一目了然。 （   ）

⑨三返产品是指需要进行返工、返修、返检的尚未达到合格水平的产品。 （   ）

⑩服装质检员在正式上岗前，必须先经过系统全面的质量检验知识与技能培训，并通过理论与实践考试合格方可获得质检员资格。 （   ）

二、产品的包装与装箱

产品的包装与装箱都属于生产过程的尾声阶段。当服装产品经过成品检验被判定为合格品时，就可以进入包装装箱阶段。

检验合格并进行包装工序的产品，常见的放置方式有平叠式包装（图7-19）与挂立式包装

(图7-20) 两种, 前者常见于平面的、没有省道的针织服装居多, 如T恤、针织背心、针织内裤等, 后者常见于立体的梭织服装较多, 如衬衫、外套等。

图7-19　熨烫后平叠式放置

图7-20　熨烫后挂立式放置

1.产品的包装

服装产品的包装是指运用一定的材料, 对产品进行包裹, 以便于储存与运输作业。主要涉及两方面的内容: 包装材料与包装方式。

（1）包装材料

常见的服装包装材料有主挂牌、合格证、价钱牌、尺码贴纸、拷贝纸、牛油纸、衣架、胶袋、固定用夹子、衬衫领托、托背硬卡纸、胶针、环形索、穿挂牌绳索等。

- 主挂牌: 反映服装商品所属品牌商标的牌子, 牌上面印制的Logo鲜明地标示了该品牌的名称 (图7-21)。主挂牌的制作材料有用硬卡纸制作的, 也有用塑胶材料或金属材料制作的。从外观效果来看, 有不透明的、半透明的甚至全透明的。主挂牌的轮廓造型、材料质地与图文样式可以直观地、在一定程度上反映出该品牌的风格路线, 如体现优雅精致风格、粗犷潇洒风格、童真可爱风格等。主挂牌是产品所属品牌的重要标志物, 与商标一起共同发挥标示的作用。因此, 服装品牌公司都很重视对主挂牌的设计。

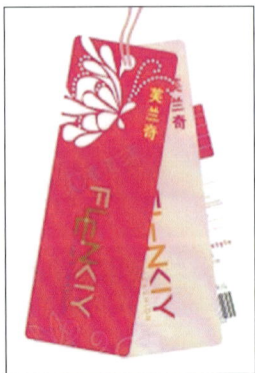

图7-21　服装主挂牌

- 合格证: 标示该产品质量达到合格水平的标志物, 通常用硬卡纸制成。与主挂牌相比, 合格证的纸张质地相对较轻薄、较软, 面积也比主挂牌稍小。合格证上需印制以下内容: 品名、款号、色号、执行的检验标准、尺码、号型规格、等级、洗涤方式、产地、制衣厂名称、厂址、联系电话 (客服电话)、质检员代号等。合格证的面积大小在行业内目前没有统一标准, 但须印制上述内容。合格证上的洗涤方式说明必须与衣服内部的洗水唛上印制的洗涤方式一致 (图7-22)。

- 价钱牌: 标示该产品零售价的牌子, 通常用薄卡纸制成。价钱牌上印有条形码, 以便顾客购买产品时在店铺中扫描缴费 (图7-23)。除了有单独的价钱牌外, 一些产品的价钱牌还用贴纸将零售价贴在合格证上, 或者直接印在合格证上。

图7-22　服装合格证

图7-23　服装价钱牌

• 尺码贴纸：直接贴在产品的某个部位或贴在胶袋上的某个固定位置（图7-24），以醒目地区别产品的尺码的贴纸，方便仓库拣货员与店铺销售员、营业员能够快速找到适码产品。

尺码贴纸的形状最常见的是圆形（图7-25），也有些尺码贴纸是椭圆形的。

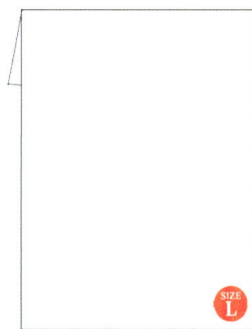

图7-24　尺码贴纸贴在胶袋上

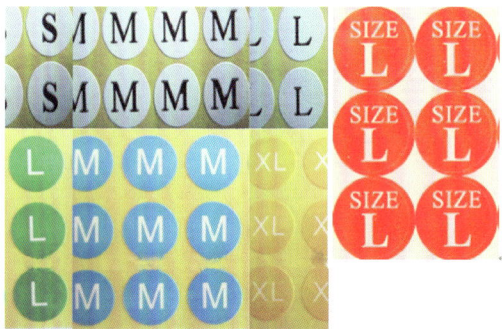

图7-25　服装尺码贴纸

尺码贴纸一般为0.8~1.2 cm，最常见的是1 cm。

尺码贴纸在颜色上有运用无彩色系进行显示（比如用白底黑字显示）的，也有用有彩色系进行显示的。运用色彩的尺码贴纸，主要是通过不同的色彩来区分不同的服装尺码，以方便仓库的拣货员与店铺的销售员、营业员能够快速地找到需要的尺码。比如，某服装品牌设计生产的产品有S码、M码、L码和XL码四个尺码，其设计了四个颜色的尺码贴纸分别表示不同的尺码（表7-2）。

运用色彩来标示产品的尺码，行业内没有统一的标准，企业可根据自己的实际情况进行设计。需要注意的是，设计不同尺码的色彩标示时，应适当拉开色彩差距，使用纯度高的鲜艳的对比色最佳。避免使用同类色、邻近色，以免达不到鲜明区分的目的。

表7-2　尺码贴纸以不同颜色区分不同尺码数（示例）

尺码 尺码贴纸颜色	S码	M码	L码	XL码
尺码贴纸的底色	米黄	大红	草绿	蔚蓝
尺码贴纸印尺码的颜色	白色	白色	白色	白色

图7-26　拷贝纸

• 拷贝纸：一种吸水率较高的、且透明度高的薄纸（图7-26）。因其透明度高，将其覆盖在某些纸张或物件的表面，可以清晰地看到底层物的花纹，操作者可以通过透出的花纹将其复制绘制在纸张上，因此得名拷贝纸（copy纸的音译，复制的意思）。

拷贝纸通常用于针织服装尤其是针织T恤中，放置在T恤的后背部，目的是吸湿防潮，防止产品发霉变黄（图7-27）。拷贝纸的尺寸没有统一标准，企业可以根据产品尺寸的不同选择不同的拷贝纸规格，也可以根据具体产品的包装需要来定制合适尺寸的拷贝纸。

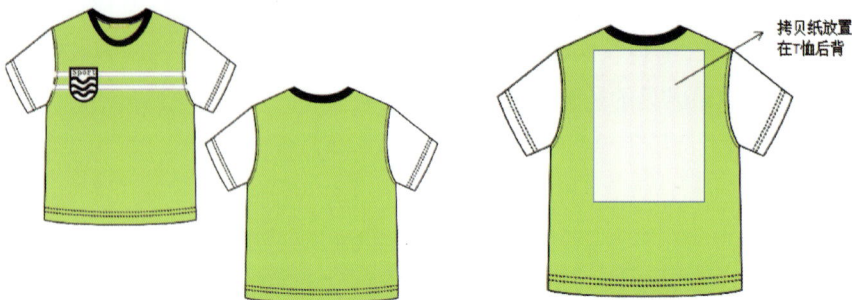

图7-27　产品包装时拷贝纸放置在针织T恤上的位置

由于拷贝纸的功能主要在于吸湿防潮，因此很适用于吸湿程度高、易于受潮发霉的产品。比如全棉的或者含棉程度高的产品都容易在潮湿高温的天气或潮湿的环境中受潮发霉，呈现出黄色的霉点。因此，折叠包装时可以在衣服中增加一张拷贝纸，一定程度上能有效地防止产品受潮发霉。当然，并非所有的针织T恤都需要运用拷贝纸来进行折叠包装，对于纯化纤的或者化纤程度占比很高的混纺产品，其产品面料本身就不具备吸湿功能，也就不容易受潮发霉，此时就没有必要运用拷贝纸。

• 牛油纸：俗称硫酸纸，是由细微的植物纤维通过互相交织，在潮湿状态下经过游离打浆、不施胶、不加填料、抄纸，再用72%的浓硫酸浸泡2~3 s；清水洗涤后以甘油处理，干燥后形成的一种质地坚硬薄膜型的物质（图7-28）。

牛油纸的质地坚实、密致而稍微透明，对油脂和水的渗透抵抗力强，不透气，且湿强度大，能防水、防潮、防油、杀菌、消毒。牛油纸正反面有明显差异，表面很光滑，背面稍粗糙，经常被运用在印花T恤中。

图7-28　牛油纸

在折叠时，通常将牛油纸覆盖在产品印花图案的表面，与胶袋壁隔离开来，以避免产品的印花图案与胶袋在压制堆放时粘连在一起，起到有效保护印花图案的作用（图7-29）。

将牛油纸覆盖
在图案的表面

包装后

图7-29　牛油纸放置在针织T恤上的位置

　　注意，不是所有在表面印制有图案的服装产品都需要运用牛油纸与胶袋进行隔离。不同的印花浆料以及不同的印花图案的大小，其所形成的图案的外观质感、手感都是不同的。其中，胶浆印花的黏性较强，尤其是大面积的胶浆印花。有较大面积胶浆印花图案的产品在经历了"折叠堆放→包装进胶袋→装箱→运输后→到指定的销售仓→店铺上架"的过程后，如果产品的印花图案表面没有增添牛油纸与胶袋进行隔离的话，产品包裹在胶袋里存放的时间越长，其拆开胶袋包装时发生产品印花图案与胶袋粘连的可能性越大。一旦发生印花图案与胶袋粘连，若强行将其分开，很容易发生印花图案分离脱落的质量问题。

　　为了避免这种情况的发生，一方面制衣厂应严格控制好印花的质量，减轻胶浆印花表面的黏性；另一方面应在折叠包装阶段采用牛油纸对产品的印花图案与胶袋进行隔离，以最大限度地避免此类质量问题的发生。

　　除了胶浆印花外，闪粉、植绒等特殊印花也是容易与胶袋发生粘连的。制衣厂需根据产品的具体特点，以避免出现产品印花粘连而导致印花图案剥离脱落为出发点，决定是否采用牛油纸。

　　• 衣架：用于承托服装，使产品能够以挂装状态运输与存放而尽可能保留产品的外观整洁效果的重要包装工具。当衣架被用在服装产品的出厂包装上时，通常被称为挂装包装，即先把衣服穿挂在衣架上，再套上胶袋，然后对产品进行整件平放装箱（如西装）或对折平放包装（如外套）。衣架有多种不同种类，以适应不同服装种类的功能需要。外套衣架、连衣裙衣架、裤子衣架、下裙衣架、内裤衣架，形状都是不同的（图7-30—图7-35）。

长度：33 cm
厚度：1.2 cm

图7-30　外套衣架　　　　图7-31　下装衣架（适用于裤子与下裙装）

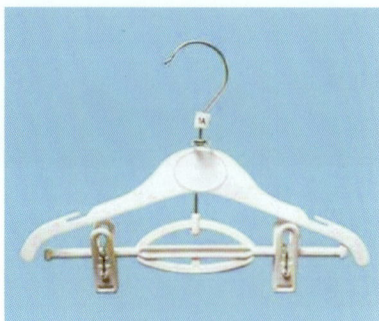

图7-32　上衣下裙套装衣架

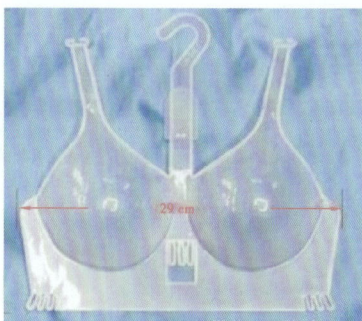

图7-33　内衣（文胸）衣架

图7-34　T恤衣架

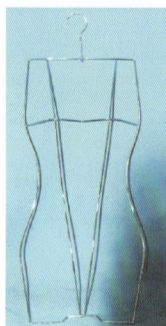

图7-35　泳装（或连身整形内衣）衣架

　　一般来说，运用挂装方式包装的产品以高档产品居多，尤其是西装外套、高档女装外套、晚礼服、旗袍等。产品套上胶袋后，不同类型的产品会采取不同的折叠装箱方式。比如，西装多采用整件平放装箱，而高档女装外套则多采取正前面对折装箱（图7-36）。如果产品的装饰重点在后幅，则可改为前幅正面对折，把后幅的重点装饰位置放在胶袋正前方进行包装装箱。有些连衣长裙会采用纵向折叠成三层后再进行装箱。

往后对折，用透明胶固定胶袋

图7-36　高档女装外套挂装包装装箱方式

不管采用哪一种折叠方式，目的都是更好地保护产品在运输过程中不受损坏，以最大限度地保持产品熨烫后出厂前的笔挺平整效果。虽然高档的产品在进入店铺销售给顾客前，销售员（营业员）拆开包装时会检查产品的质量，如果发现产品有起皱不平整现象，会及时用立式熨斗对产品进行局部熨整，但是合理的折叠装箱方式可以大大降低产品在存放与运输过程中被弄皱的概率，减少销售员重新熨烫产品的工作量，提高工作效率。

• 胶袋：用于包裹产品后再进行装箱，达到保护产品的目的。对于大部分的服装产品来说，采取独立包装的方式是最常见的，即一件衣服装入一个胶袋。

胶袋的形状：最常见的胶袋为长方形（图7-37），其次是金字塔顶长方形（图7-38）。前者多用于T恤、裤子、裙子、运动服等的包装；后者多用于挂装，即先将产品穿挂在衣架上再装进胶袋。金字塔的人形顶端目的是与衣架的角度相吻合，使产品装入胶袋后能更加平整服帖，没有多余的空间褶皱量。

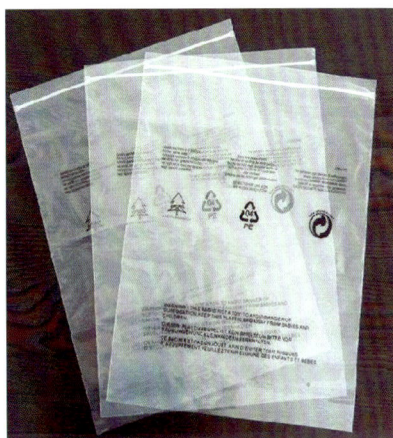

图7-37 长方形的胶袋

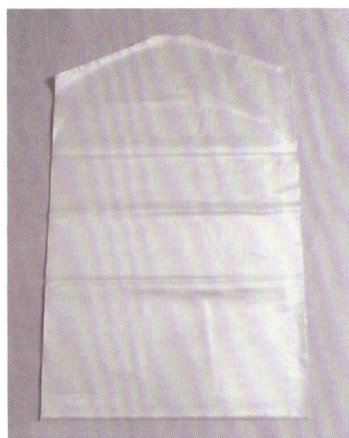

图7-38 金字塔顶的胶袋

胶袋的封口方式：常见的胶袋封口类型有自粘条封口、轨道式封口、子母扣封口、索绳式封口（表7-3）。另外，根据产品包装要求的不同，包装的胶袋还有文件袋式封口、拉链式封口等多种类型。

表7-3 胶袋封口类型与特点

胶袋封口类型	样品图片	特点	适用范围
自粘条封口		类似于双面胶的原理，在胶袋的开口覆叠处印有一条透明的双面贴胶，使用时将其撕去，再将胶袋的折扣覆盖下，就可以实现粘合	适合于针织T恤类、薄装线衫类等面积较小、重量较轻、一次性使用、售出后不再装入的中低档产品

续表

胶袋封口类型	样品图片	特点	适用范围
轨道式封口		在开头处有一条可以自由开合的轨道，方便产品装入与取出	适合于较高档的、可以折叠的、产品在售出后消费者可根据需要使用该胶袋，以便能更好地保存服装。比如高档羊毛衫，消费者在不穿用时可将其重新装进胶袋，并放置适量樟脑丸，以便更好地保存，同时防止虫害）
子母扣封口		通过胶袋开口处的一套子母扣，实现胶袋的自由封闭与打开。通常运用子母扣进行封口的胶袋的质地都比较结实，不宜太轻薄或易脆，否则容易损坏	多用于睡衣、内衣类产品
索绳式封口		在胶袋的开口处通过折叠形成一条轨道，里面放置一条绳索或橡筋绳，轨道内正中有一个小开口，绳子穿过这个小开口进行拉伸抽紧，胶袋的开口处就会形成缩小封闭的效果	属于特色包装，多用于内裤、围巾等面积较小的成衣产品或服装配饰产品

• 固定用夹子：用于衬衫包装，以作固定产品不易变形的辅助包装工具。多用于高档的男衬衫的包装，以使产品的外观效果平整笔挺（图7-39）。

• 领托：也称领衬，是指贴于男衬衫的领座的背面，以使衬衫的领子可以挺起来，显得平整帅气的辅助包装物。通常以透明硬胶居多（高档男衬衫），也有用硬卡纸制作的（中低档男衬衫）（图7-40）。

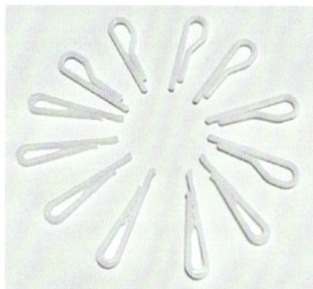

图7-39　固定用包装夹子

图7-40　衬衫内领托

• 托背硬卡纸：在折叠男衬衣时，放置在服装后背，在折叠时起到固定产品的作用，使其不易变形，保证每件产品的包装尺寸一致的包装材料。图7-41为用硬卡纸托底包装好的外形笔挺的男衬衫。

• 胶针与胶针枪：用于将主挂牌、合格证与价钱牌串起来，并固定于产品商标上的包装材料。在穿挂牌的工具中，胶针的运用频率是最高的，由于操作简单方便，工作效率高，成本低，因此成为服装产品包装中最常见的辅助材料（图7-42）。胶针一般以透明的居多，尺寸有许多种，最常见的是7 cm长的胶针，其次还有5 cm、10 cm、12 cm等不同长度。与胶针相配套的重要工具是胶针枪（图7-43）。

图7-41　托背硬卡纸用作包装衬衫

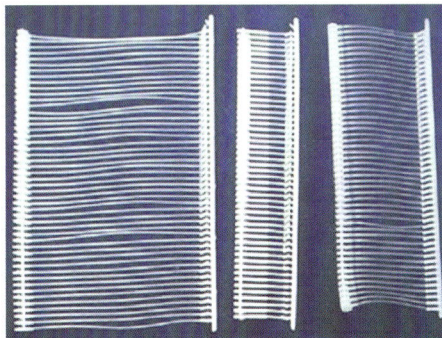

图7-42　胶针

一般来说，T恤、衬衫、连衣裙、外套、裙子等多使用7 cm长的胶针，当其穿上主挂牌、合格证与价钱牌打在商标上时，刚好位于产品的领胸部分，可以让消费者清晰地看到。当包装童装的时候，由于产品的尺寸面积比较小，尤其是婴幼儿服装，此时胶针可采用较短的尺寸，如5 cm规格；如果产品的商标是位于折叠后外观看不到的部位（比如下装裙子，裙子的商标位于裙头内部），可采用7 cm长的胶针，挂牌等刚好位于裙头偏高部位，此时应根据实际情况选择10 cm或12 cm长的胶针。

运用胶枪将胶针穿过挂牌、合格证与价钱牌，打到服装商标上的操作方法行业内目前尚无统一规范的要求，具体应根据产品或客户的需要来制订先后次序。根据主挂牌、合格证与价钱牌的特点与功能，通常如图7-44所示的先后次序排列，即主挂牌在最底层（因其面积一般较大，如果放置于最前端会挡住合格证与价钱牌），合格证在中间，价钱牌在最外面（条形码及零售价格标示在最前端，使消费者可以快速地了解该商品的零售价格）。

图7-43　胶针枪

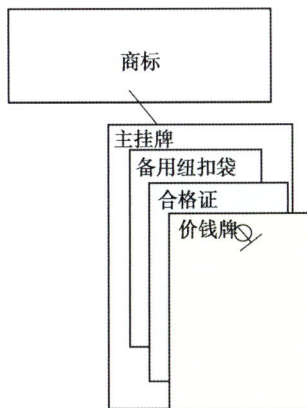

图7-44　主挂牌、合格证与价钱牌挂在商标上的先后次序

还有一些产品比较特殊，需要增加备用纽扣或其他物料配件（比如羽绒展示牌）与主挂牌、合格证及价钱牌一起穿钉于商标上。在这种特殊情况下，应采用相应的特殊处理方法：一般会将装有备用纽扣的小袋子放置在主挂牌与合格证之间，如果有羽绒展示牌的，也将其放置在主挂牌与合格证之间，一同用胶针穿在商标上。

①增加备用纽扣时的做法

有纽扣的产品，在消费者购买回家进行穿用的过程中，随着穿用次数的增加，会增加纽扣脱落的风险。纽扣作为服装的重要辅料，其款式、色彩、质地风格都是与服装产品本身配套一致的。一旦有个别纽扣脱落丢失，如果没有后补纽扣的话，消费者就需要更换该产品全部的纽扣，以保持风格的一致，这样就会带来很多不便。备用纽扣的作用正是当产品个别纽扣出现脱落、丢失或损坏时，消费者可以用备用的相同类型纽扣及时进行替补。因此，对于有纽扣的产品，很多服装企业都会在商品包装上增加相应的备用纽扣；如果钉纽扣的缝纫线是暴露在外的，企业还会提供相应的配色缝纫线，给消费者提供最大的方便。

纽扣从外形上可分为两大类：无脚纽扣与有脚纽扣。无脚纽扣常见的有两眼、四眼，也有六眼的，其特点是钉上衣服后平面地贴在面料表面（图7-45）。这种纽扣的钉合缝纫线是暴露在外的。大部分的针织T恤多使用无脚纽扣，男衬衫也多使用无脚纽扣。有脚纽扣多运用于外套上，缝纫线通过纽扣的脚环将其固定在面料表面。这种纽扣一般较大，从外观上看不到缝制纽扣的线迹（图7-46）。

图7-45　无脚纽扣

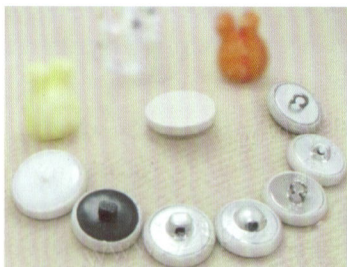

图7-46　有脚纽扣

图7-47　无脚纽扣可钉在
洗水唛上

使用无脚纽扣的服装产品，多将备用纽扣钉在洗水唛的空白处。由于纽扣是平面的且面积较小，隐蔽在洗水唛上既方便保存又不影响外观，因此被大多数企业所采用（图7-47）。

由于有脚纽扣造型是立体的，存在一定的高度，因此不适合钉在洗水唛上，以免向外突出影响外观，此时需要用一个小小的胶袋，将有脚备用纽扣装在里面（图7-48），再与主挂牌、合格证、价钱牌等一起挂于商标上。

②增加羽绒标示物时的做法

如果该产品是高档的羽绒服，企业为了突出产品的价值，会设计定制一个透明的微型密封式真空小胶袋，里面装有羽绒的样品（图7-49），消费者可以透过这个小胶袋看到羽绒服内部的羽绒材

图7-48 有脚组扣或高档的无脚组扣宜独立包装

图7-49 装有羽绒样品的
真空小胶袋

料，对产品产生信任与认可，从而认可零售价格，产生购买欲，促成该交易。

需要注意的是，由于羽绒服在拆除包装后会出现膨胀状态，因此需要根据实际情况选用较长的胶针（如10 cm长胶针）。

• 透明软胶环形索：一种柔软有弹性的塑胶索，平放时呈一条直线 [图7-50(a)]，两端有开口与接口。当直线的两端接在一起时，就形成封闭的圆环形状，故称环形索。环形索的功能跟胶针一样，使用目的是将主挂牌、合格证与价钱牌串在一起，并固定于产品的商标上。与胶针不同的是，环形索不需要使用胶枪，也不需要通过胶枪扎孔才能把挂牌群挂上商标。环形索的使用更简单，操作者先将环形索的一端依次穿过价钱牌→合格证→主挂牌，再穿过产品的商标与环形索的另一端进行接合，这样就形成了一个封闭的圆环（图7-50）。

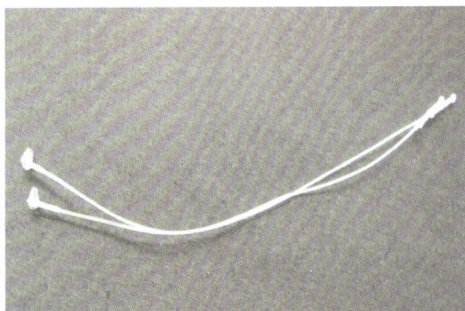

（a）扣索前

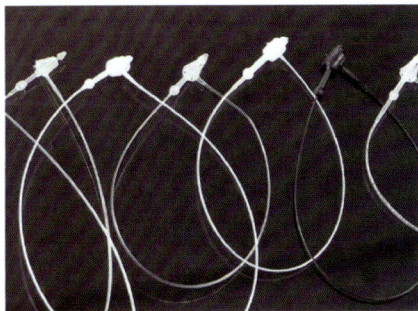

（b）扣索后

图7-50 透明软胶环形索

• 穿挂牌的绳索：穿在主挂牌上，可以套穿于商标上的绳索。相对于胶针、环形索这些大众化的包装材料来说，选择主挂牌上吊绳索一般是为了突出表现产品品牌的特色风格。前面介绍主挂牌时提到主挂牌有多种风格，同样的，吊在主挂牌上的绳索也有多种不同的风格。有的是小巧精致的抛光精梳细纱支绳（多用于女性连衣裙、高档外套等），有的是华丽的金色或银色的细绳（多用于晚礼服等），有的是粗犷的、原生态的麻绳（多用于牛仔类服装，以突出其潇洒不羁的风格）（图7-51）。不管绳索的色彩与材质是哪一种风格，都要与主挂牌风格（服装品牌风格）相一致。

图7-51 主挂牌上吊有的细绳

（2）包装方式

按照产品包装的数量，包装方式可分为独立包装与混合包装两种。独立包装是指一件衣服包装在一个胶袋或纸盒里，而混合包装是指多件衣服根据客户的需要包装在同一个包装袋或纸盒里。前者是每一件独立包装，为绝大多数产品所选用的方式，而后者混合包装常见的有两种情况：一种是同一码数多种颜色的成品共同包装在同一个袋子或纸盒里，多为体积较小的产品的整套销售，比如同一码数三种颜色的内衣或内裤等。而另一种多为半成品的临时性包装，当产品在完成了整件衣服的工艺缝制后，还需要做进一步的加工，如还需要整件拿去印花或洗水时，很大可能会多件包装在一个袋子里拿去做进一步的加工。当产品已经完成全部加工并质量检验合格可以出厂时，再转为独立包装出厂。

图7-52　平面折叠包装

按照产品是否需要穿挂衣架，包装方式可分为平面折叠包装（图7-52）与穿衣架挂装（图7-36）两种。前者是指产品经过平面折叠装进胶袋或纸盒后，再装进纸箱里。后者是指产品先穿挂在衣架上，然后装进胶袋里，再平放或折叠后装进纸箱里。平面折叠包装多适用于针织服装、平面裁剪方式的服装、较中低档的服装等。穿衣架挂装多用于高档的外套、连衣裙、旗袍、晚礼服等。产品完成生产后，企业应根据产品的特点与用途选择不同的包装方式。

2.产品的装箱

装箱，顾名思义即装进箱子。那么，怎么装，装进什么样的箱子，就涉及装箱的方式与箱子的类型。装服装产品的箱子多为纸皮箱，下面介绍常用纸箱的类型与常用的装箱方式。

（1）纸箱的类型

纸箱有多种类型，主要根据纸箱的大小、体积、纸箱壁的厚薄、纸箱的重量、纸箱上印制的内容的不同进行分类。

• 纸箱的大小：包括纸箱的长、宽、高三个要素。由于纸箱壁存在一定的厚度，因此纸箱的尺寸有外径与内径之分。纸箱外径是指从纸箱的外轮廓（外壁）测量的尺寸。纸箱内径是指从纸箱的内壁轮廓测量的尺寸。前者尺寸对纸箱在仓库内存放以及装进集装箱、装车、装运上船所需占用的存放空间有密切联系，因此在纸箱的箱唛上印制的尺寸，统一是指外径尺寸（图7-53）。

图7-53　纸箱的内径与外径的测量方法

纸箱内径是指能够容纳产品的内部空间，即产品存放的实际空间。车间工艺员在预订纸箱尺寸时，一般先根据产品折叠后的尺寸预估出纸箱的内径，再加上纸箱的预期厚度，推算出纸箱的外径。

• 纸箱的体积：以纸箱的内径计算，即纸箱的容量。纸箱的体积与纸箱所装的产品的数量密切相关，一般来说，服装产品每箱所装产品的数量以30~50件为宜。件数太少，会造成装箱材料的浪费；件数太多，纸箱太大，又不便于运输与存放。

• 纸箱壁的厚薄：纸箱壁的厚度。纸箱所用的瓦楞纸按不同的组合方式，可分为单坑纸板、双坑纸板和三坑纸板等（图7-54）。坑的层次数量越多，纸箱壁就越厚，箱子耐外力冲击的抗压力越强，箱子也越重。对于服装产品来说，由于单坑纸板箱壁太薄，不适合做纸箱，只适合做纸盒。服装类产品的包装纸箱中最常见的是双棱箱（即用双坑纸板做的纸箱）与三棱箱（即用三坑纸板做的纸箱）。前者适宜装数量较少、重量较轻的产品，后者适宜装数量较多、重量较重的产品。

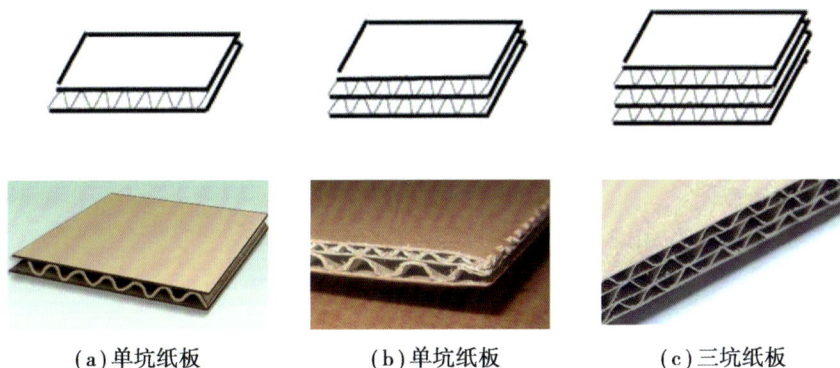

(a) 单坑纸板　　　　　(b) 单坑纸板　　　　　(c) 三坑纸板

图7-54　纸箱瓦楞纸板的种类

• 纸箱的重量：纸箱的箱唛上通常印有"毛重"与"净重"两个重量值。毛重是指包含纸箱与内装产品在内所称得的重量。净重是指不包含纸箱的重量，仅仅是纸箱内所装产品的重量。一般来说，纸箱的重量多以千克作为度量单位。为什么需要同时标示出毛重与净重呢？毛重是产品在运输过程中、仓库存放中所需要计算的重量。比如车辆运输、船舶运输与空中运输就需要严格地控制装箱重量，一旦超载付运极易发生事故，因此，毛重在纸箱上的标示是必不可少的。而净重仅仅指产品本身的重量，这个数值对于存放与运输来说，没有毛重的意义重大。

（2）纸箱上印制的内容（箱唛）

纸箱上印制图文等标示内容的部位称为箱唛，有正唛与侧唛之分。通过正唛与侧唛上的产品信息，就可以从纸箱的外表判断里面装的是什么产品。

• 正唛：一般位于纸箱面积较大的双面箱壁上，一般印制醒目的产品品牌Logo。印制的图案较大，以方便在进仓、出仓付运、过海关、再进仓时，运输工人、仓库管理人员与店铺拣货员、销售员（营业员）能够快速地区分产品（图7-55）。

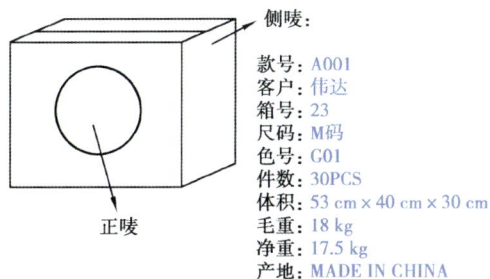

侧唛：
款号：A001
客户：伟达
箱号：23
尺码：M码
色号：G01
件数：30PCS
体积：53 cm × 40 cm × 30 cm
毛重：18 kg
净重：17.5 kg
产地：MADE IN CHINA

正唛

图7-55　纸箱的正唛与侧唛

• 侧唛：位于纸箱中面积较小的双面箱壁上。侧唛上多印制关于箱内产品的信息，包括款号、品名、箱号、尺码、色号、件数、体积（纸箱外径尺寸）、毛重、净重、产地、制造商等（图7-55）。侧唛上的产品信息应同时显示在装箱单里。

（3）装箱方式

产品经过包装后，可进入装箱工序。批量化成衣生产的产品大多具有不同的色彩与不同的码数。因此，在包装装箱时，也有不同的装箱方式。按产品的色彩与尺码这两个元素，装箱方式可分为独色独码装箱、独色混码装箱、混色独码装箱与混色混码装箱4种。

• 独色独码装箱：在同一个纸箱里，所装的产品都是同一个颜色同一个码数。比如某纸箱的侧唛上印着"款号：A001，件数：30PCS，色号：A01，尺码：M码"，则意味着该纸箱所装的产品共有30件款号为A001的黑色M码服装（图7-56）。当批量生产的、每色每码的产品数量较多，每色码均可独立区分为若干个纸箱时，多采用这种装箱方式。由于这种装箱方式是按独立码数与独立颜色分别装箱，操作比较简单，容易掌握，出错率最低。

• 独色混码装箱：在同一个纸箱里，所装的产品都是同一个颜色，但每个颜色都按一定比例配置不同码数的产品。比如某纸箱的侧唛上印着如图7-57所示内容，意味着该纸箱中装有款号为B001的白色S码、M码与L码各10件产品。当批量生产的产品色彩较多，但每色的尺码类型较少时，宜采用这种装箱方式。此种装箱方式箱内装有不同的码数，操作难度比独色独码装箱有所增加，为避免在装箱时出错，建议做好以下几点：

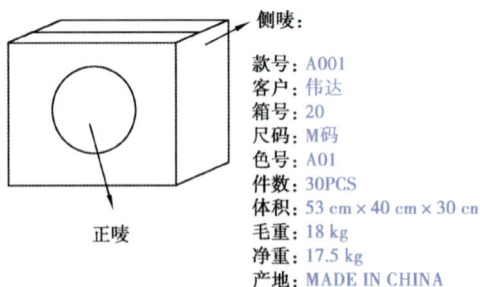

图7-56　独色独码装箱的侧唛内容

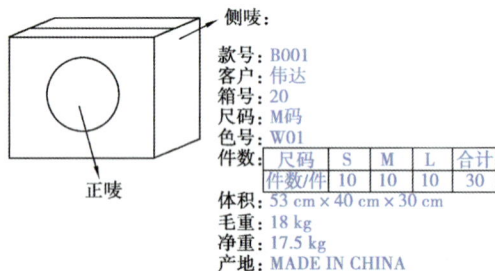

图7-57　独色混码装箱的侧唛内容

①包装设计时采用醒目的不同色彩的码数贴纸或不同颜色的胶袋来区分产品的码数。

②对于已经完成包装、等待装箱的产品，必须根据色彩与码数的不同严格区分放置，比如将白色S码、白色M码与白色L码分别放置在不同的箱子内，在箱子外的醒目位置标明产品的码数。

③尽量安排同一个操作工人进行装箱操作。即使是货期很急迫，需要增加人手时，也应尽量安排一个操作工人负责装配一种色彩，最大限度避免装箱时数量上出现错误。

④加强对已经装好箱的产品的抽查，如果有产品装错，可以及时发现并纠正。

• 混色独码装箱：在同一个纸箱里，所装的产品都是同一个尺码，但每个尺码都按一定比例配置不同颜色的产品。比如某纸箱的侧唛上印着如图7-58所示内容，意味着该纸箱中装有款号为C001的M码产品中有白色、黑色各15件。当批量生产的产品尺码较多，但每个尺码的色彩种类较少时，宜采用这种装箱方式。此种装箱方式操作难度介于独色独码与混色独码之间。

· 混色混码装箱：在同一个纸箱里，所装的产品是同一个款号，但按一定比例配置了不同尺码、不同颜色的产品。比如某纸箱的侧唛上印着如图7-59所示的内容，意味着该纸箱中装有款号为D001的白色、黑色与黄色三种颜色的产品，且每种颜色有M码、L码各10件。

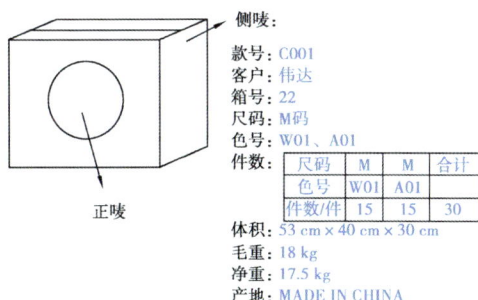

侧唛：
款号：C001
客户：伟达
箱号：22
尺码：M码
色号：W01、A01
件数：

尺码 色号	M	M	合计
	W01	A01	
件数/件	15	15	30

体积：53 cm×40 cm×30 cm
毛重：18 kg
净重：17.5 kg
产地：MADE IN CHINA

正唛

图7-58　混色独码装箱的侧唛内容

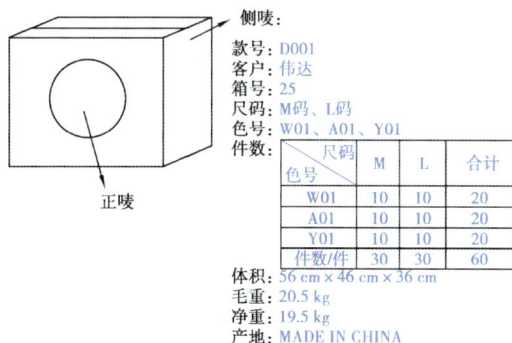

侧唛：
款号：D001
客户：伟达
箱号：25
尺码：M码、L码
色号：W01、A01、Y01
件数：

尺码 色号	M	L	合计
W01	10	10	20
A01	10	10	20
Y01	10	10	20
件数/件	30	30	60

体积：56 cm×46 cm×36 cm
毛重：20.5 kg
净重：19.5 kg
产地：MADE IN CHINA

正唛

图7-59　混色混码装箱的侧唛内容

当批量生产的产品尺码与色彩较多，同时客户需要将这批订单的产品按照各色码平均分配到各个店铺时，往往会要求供应商（制衣厂）在装箱时按平均分配的比例进行装箱。此种装箱方式相对于前三种装箱方式来说，操作难度最大，也最容易出现装箱差错。因此，制衣厂的后工序在做好上面"独色混码装箱"中指出的需要注意的事项外，还需要根据产品的实际情况对已经包装好、等待装箱前的产品提前做好放置区域划分，一方面尽可能地将装错箱的可能性降到最低，另一方面也能提高操作工人拣货时的劳动效率。

可以看出，不同的装箱方式有不同的优缺点及不同的适用范围。如果是接单生产型的企业，其生产任务来源于客户的订单，那么装箱的方式应严格按照客户的要求来实施。如果产品的生产是自主研发品牌型，则企业应根据产品及未来销售的特点选择最佳的、最利于本企业提高工作效率和降低出错率的装箱方式。

（4）封箱方式及辅助材料

服装产品装入纸箱后，需进行封箱处理。根据纸箱的大小、重量与产品的贵重程度，可分为一字形封箱、十字形封箱、工字形封箱与王字形封箱4种常见类型。

· 一字形封箱：在纸箱的最长开口处封贴一条胶带，以使纸箱闭合的封箱方式。这种封箱方式在开箱时只需要往开口处切割一刀即可顺利打开纸箱，取出产品（图7-60）。

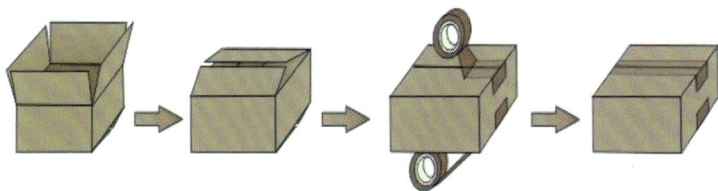

图7-60　一字形封箱

• 十字形封箱：在纸箱的最长开口处封贴一条胶带，然后在中间以垂直的角度再增加一条封条，以使纸箱形成十字形闭合的封箱方式（图7-61）。这种封箱方式开箱时只需要往开口处切割一刀即可顺利打开纸箱，取出产品。

• 工字形封箱：先在纸箱的最长开口处封贴一条胶带，再在纸箱的两端各贴一条胶带，以使纸箱牢固闭合的封箱方式。这种封箱方式开箱时需要往中间开口处、两侧封箱处各切割一刀才能顺利打开纸箱，取出产品。此种封箱方式运输的安全度高于一字形封箱（图7-62）。

• 王字形封箱：先在纸箱的最长开口处封贴一条胶带，再在纸箱的两端各贴一条胶带，最后在纸箱的中间垂直再粘贴一条胶带进行加固，以使纸箱牢固闭合的封箱方式。这种封箱方式开箱时与工字形封箱相同，需要往中间开口处、两侧封箱处各切割一刀才能顺利打开纸箱，取出产品。由于王字形封箱比工字形封箱在中间多了一道封条，一旦产品在运输过程中曾经被打开过，中间的封条也必然会被切断，因此，在防被打开、防盗等方面，王字形封箱优于工字形封箱（图7-63）。

图7-61　十字形封箱　　　　图7-62　工字形封箱　　　　图7-63　王字形封箱

• 垫箱纸板：服装产品的装箱，除了基本的纸箱外，一般还需要在上下各增加一块垫箱纸板（图7-64）。封箱工人在封好纸箱的底部后，将一块比纸箱的内径尺寸稍小的单棱纸板放置在纸箱的底部，然后再开始装产品。产品装好后，在产品的顶端放置一块单棱纸板，最后进行箱口封箱。这种做法一方面可以加强纸箱的牢固度，在存放与运输的过程中可以更好地保护产品，同时也可以避免开箱时戒刀刮伤产品。

• 隔箱纸板：服装产品在装箱时，有些是一件一件地从低往高置放，有些则是两件平行地排列置放在基底，再两件两件地从低往高置放。对于同时两件平行排列置放的产品，为了保证产品在存放、运输过程中不会因为晃动而出现位移导致产品起皱，可以在两叠产品之间增加放置一块隔箱纸板。纸板不用太厚，一般的单棱纸板即可，目的是将两叠产品隔离，保证两叠产品相互之间不发生位移，尽量使产品保持平整减少起皱的概率（图7-65）。

• 打箱带：服装产品在装箱后，为了方便运输，通常需要在箱外打"十字形"或"艹字形"箱带，以方便工人提箱搬运。较轻的纸箱可以打十字形，较重的箱子则需要打艹字形（即一横两竖三条箱带）。打箱带的设备有电动打箱带机（图7-66）与手工打箱带器（图7-67）两种。

·验针设备：如果企业承接的订单客户要求在出厂前进行验针，则需要配备台式验针机（图7-68）与手持式验针器（图7-69）。

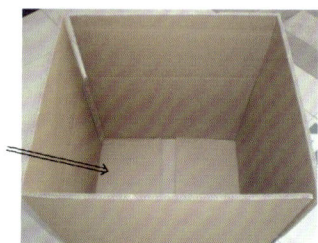

图7-64　在箱子上下各增加垫箱纸板

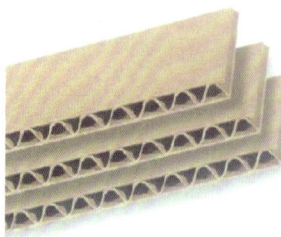

图7-65　垫箱纸板与隔箱纸板

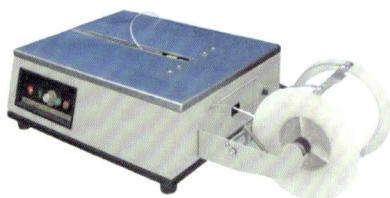

图7-66　电动打箱带机

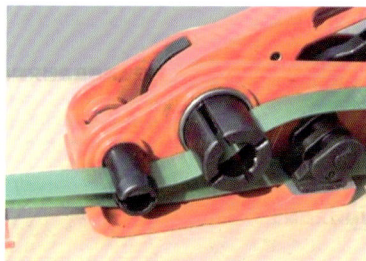

图7-67　手工打箱带器

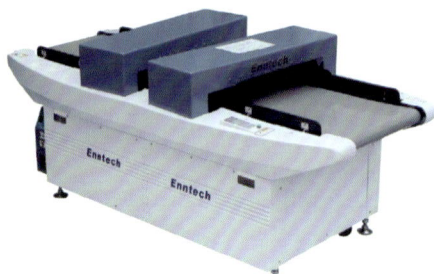

图7-68　台式验针机

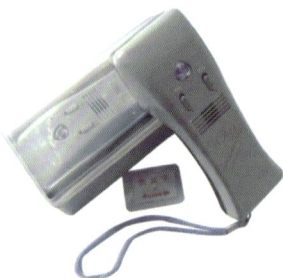

图7-69　手持式验针器

验针机是检验已经包装装箱但尚未封箱的产品是否含有对人体有害的残留针具或利器残余的专用检测设备，是对金属非常灵敏的精密检测仪器。当工人将产品送进验针机的轨道进行检测时，一旦发现异常金属，验针机会自动停机并亮灯，同时响起警报声，告诉检测者该产品内隐匿有金属物。检测者需要将产品内的金属物去除，再行检测，确认没有金属物残留后方可顺利通过轨道。

验针器属于小型的验针专用设备，当工人无法通过肉眼发现产品中隐匿的金属物时，就需要运用验针器对产品进行地毯式扫描，以期能够快速准确地发现目标，并及时地清除金属物。

客户明确要求在出厂前必须进行验针检验的产品，通常应在纸箱的侧唛上注明"已验针"字样。

（5）纸箱箱号的编写方式

服装产品被装进纸箱前，需要统计员先编写装箱单，即根据产品的细数对箱子进行编号。

装箱单是指导装箱工人正确装箱操作的重要技术文件。

负责箱号编写工作的一般是车间的统计员。如果企业规模少于50人，通常由跟单员编写箱号。对装箱单进行编号是有技巧的，应掌握一个原则：箱号既要清晰标示产品内容，也要在装箱时方便操作。其编号方法同装箱方法和订单细数密切相关。

装箱单编好后，装箱工人根据装箱单的要求，在纸箱上填写相关的箱号、毛重、净重等内容，然后开始将平面的纸箱折叠为立体的、可以装产品的纸箱，并对产品进行装箱。客户QC、跟单员、仓库管理员、物流运输员以及店铺销售员看到装箱单，就可以一目了然地知悉什么号的箱子里装有什么颜色与码数的产品。

表7-4以伟达服装公司A001款产品的订单细数表为例，讲讲应怎样合理地编写装箱号。

表7-4　伟达服装公司A001款式的订单细数表

款号：A001款针织T恤

尺码 颜色（色号）	S码	M码	L码	合计
白色（W01）	300	300	300	900
黄色（Y01）	300	300	300	900
苹果绿色（G01）	300	300	300	900
浅蓝色（B02）	300	300	300	900
合计/件	1 200	1 200	1 200	3 600
备注： （标写装箱方式、总箱数等）				

从表7-4可以看出，该批订单共有4个颜色、3个尺码，每色每码各300件，30件装一箱，共可装120箱。意味着箱号应从1号编到120号。那么如何编号，取决于装箱方式与每箱的装箱数量。

• 独色独码编箱号方法：一般先区分颜色，再区分尺码。色彩从浅到深，先编浅色的，再依次编深色的；尺码则先编码数小的，再依次编码数大的。

例如，伟达服装公司要求独色独码装箱，30件装一箱。可以先编完白色的，再依次编黄色的；编完了黄色，再继续编苹果绿色的，以此类推。编每个颜色的箱号时，又依次按照尺码由小到大进行编写（表7-5）。

表7-5　伟达服装公司A001款独色独码的装箱单

款号：A001款针织T恤

尺码 颜色（色号）	S码	M码	L码	合计/箱
白色（W01）	1—10号箱	11—20号箱	21—30号箱	30
黄色（Y02）	31—40号箱	41—50号箱	51—60号箱	30

颜色（色号） 尺码	S码	M码	L码	合计/箱
苹果绿色（G01）	61—70号箱	71—80号箱	81—90号箱	30
浅蓝色（B01）	91—100号箱	101—110号箱	111—120号箱	30
合计/箱	40	40	40	120
备注： 独色独码30件/箱，合计每色每码各10箱，共120箱。				

- 独色混码编箱号方法：按照色彩来进行编箱。

例如，伟达服装公司要求独色混码装箱，30件装一箱，每箱各个码数各10件。也就是说每个纸箱里的产品尺码数量是一致的，每箱产品的差异只在于色彩的不同。在这种情况下，按照色彩来编，应每色按照订单细数的合计数量/每箱的总件数，预留出相应的箱号就可以了。如按照伟达公司A001款的订单细数，每个颜色共900件，即每个颜色各30箱。那么先编白色的，预留1—30号箱；再编黄色的，预留31—60号箱；接着编苹果绿色的，以此类推（表7-6）。

表7-6　伟达服装公司A001款独色混码的装箱单

款号：A001款针织T恤

颜色（色号） 尺码	S码	M码	L码	合计/件	合计总箱数
白色（W01）	10	10	10	30	1—30号箱
黄色（Y02）	10	10	10	30	31—60号箱
苹果绿色（G01）	10	10	10	30	61—90号箱
浅蓝色（B01）	10	10	10	30	91—120号箱
合计/件	10	10	10	30	共120箱
备注： 每箱中各装有S码、M码与L码产品各10件，合计30件/箱，共120箱，产品总数3 600件。					

- 混色独码编箱号方法：这种装箱方式的编箱号方法与独色混码相反，一般是按照码数来进行编箱。

例如，伟达服装公司要求混色独码装箱，30件装一箱，每箱统一码数，包含各个颜色。以伟达公司A001款来说，每个码数要求装30件，共有4种颜色，如果按照平均数来分，每个颜色装7件的话，总数只有28件（离30件一箱差了2件）。这时，可以按以下方式处理：

建议客户按照订单色彩的比例合理地更改每箱的装箱数量。如建议将30件/箱改为28件/

箱，虽然增加了纸箱的数量，但保证了每个纸箱内的产品的色彩配置是平均件数。如果客户采纳，那么在预订纸箱时，就应该按照28件/箱预测出纸箱的合适高度（表7-7）。

表7-7　伟达服装公司A001款混色独码的装箱单（调整方案1）

款号：A001

颜色（色号）＼尺码	S码	M码	L码	合计/件
白色（W01）	7	7	7	882
黄色（Y02）	7	7	7	882
苹果绿色（G01）	7	7	7	882
浅蓝色（B01）	7	7	7	882
合计/件	28	28	28	3 528
总箱数/箱	42	42	42	126
箱号配置	1—42号箱	43—84号箱	85—126号箱	1—126号箱
白色（W01）	6	6	6	18
黄色（Y02）	6	6	6	18
苹果绿色（G01）	6	6	6	18
浅蓝色（B01）	6	6	6	18
尾数合计/件	24	24	24	72
总箱数/箱	1	1	1	3
尾箱箱号	127号箱	128号箱	129号箱	127—129号箱

备注：
以混色独码每色7件共28件/箱的方式装箱，共126箱。
127号、128号与129号是尾数箱，箱内分别装有S码、M码、L码每色各6件共24件/箱。
全订单合计装箱数量共129箱（其中127—129号箱为尾数箱）。

　　虽然这种28件/箱的装箱方式比30件/箱多了7个纸箱（总数129个纸箱-122个纸箱=7个纸箱），但是增加了装箱的便利性，降低了差错率，除了3个尾数纸箱外，其余都是整数装箱。因此，这种更改装箱数量的建议是可行的，应尽量说服客户采纳。

　　• 混色混码编箱号方法：在同一个纸箱里，所装的产品是同一个款号，但按照一定比例配置了不同尺码、不同颜色的产品。

如果伟达服装公司A001款产品按照混色混码方式装箱，该款式有3个码数、4个颜色，若按每箱30件各色各码平均分装不够整除，无法装箱。如果调整各色各码的装箱细数比例，在装箱的过程中很难确保不会出错，同样增加了装箱的难度。同时，当产品运输到客户仓时，仓库拣货员与店铺销售员在开箱整理货物时也容易出错。因此，如遇到这种情况，建议客户在装箱时平均分配各色各码的比例，合理地调整装箱的总数量。

例如，建议将30件/箱改为36件/箱，每箱每色每码各装3件。虽然增加纸箱内产品的数量会增加纸箱的重量，但保证了每个纸箱内的产品色码配置是平均件数，大大降低了装箱及将来销售拣货的难度，提高了生产效率。如果客户采纳，那么在预订纸箱时，就应该按照36件/箱预测出纸箱的合适高度（表7-8）。

表7-8 伟达服装公司A001款混色混码的装箱单（建议调整方案）

款号：A001

颜色（色号） 尺码	S码	M码	L码	合计/件
白色（W01）	3	3	3	9
黄色（Y02）	3	3	3	9
苹果绿色（G01）	3	3	3	9
浅蓝色（B01）	3	3	3	9
合计/件	12	12	12	36
总箱数/箱	100			
箱号配置	1—100号箱			
备注： 以混色混码每色每码各3件，合计36件/箱的方式装箱，共100箱。				

虽然这种36件/箱的装箱方式比起30件/箱增加了重量，但是提高了工作效率，且节省了20个纸箱（原30件/箱时总共需要120个纸箱 – 现在36件/箱时总共需要100个纸箱=20个纸箱），是一举多得的好事。因此，这种更改装箱数量的建议是可行的，应尽量说服客户采纳。

需要注意的是，增加了装箱的数量与重量，为了方便已装箱产品的搬运，应根据实际情况增加打箱带数量。如果纸箱毛重较重，应考虑打艹字形的三条箱带。尤其是牛仔类服装，产品的重量较重，不能忽视重量的变化给装箱运输带来的影响，可以通过改变封箱方法与增加打箱带来解决。

━━)练一练(━━

请根据以下图片，判断其属于什么包装材料与生产设备。

该包装材料是（　　　　）

该包装材料是（　　　　）

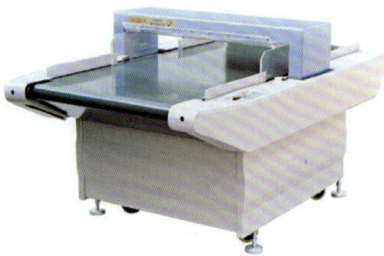

该设备是（　　　　）

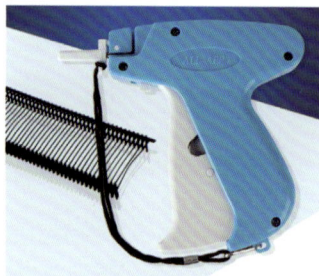

该设备是（　　　　）

三、产品的进仓与尾期质量抽检

服装产品在完成了包装与装箱后，可以按照生产计划表的预定时间运送到成品仓。在产品正式出厂付运到指定收货地点前，还需要进行一个尾期质量抽检。

如果企业属于自主研发、自主生产、自主营销、自负盈亏型，生产的是本厂自行设计自行生产的产品，在经过生产车间的成品质量检验后，一般可以直接出厂付运；如果企业属于接单生产型，生产的产品是按照客户的订单生产的，那么在产品出厂前需请客户QC到厂进行产品抽检。制衣厂在产品完成装箱进仓后，必须在计划出厂日期前提前三天预约客户QC来厂进行尾期查货，经查验合格方可出厂付运。

客户QC完成产品的质量抽检后，根据检验的结果出具尾期产品质量检验报告，对质量检验结果被判定为合格的产品，可以出厂付运；对不合格的产品，客户QC会根据实际状况作出"返工返修，准备第二次复验""产品质量不合格且无法返工返修，考虑降等打折处理""产品质量严重不合格且无法返工返修，作报废拒收处理"等处理措施。

(1) 产品尾期质量检验的流程

产品的尾期质量检验，通常有以下程序：

第一，产品进仓，通知客户QC前来查验。

制衣厂按照订单要求完成服装产品的生产，提前通知客户QC来厂进行尾期检验，需要具备三个条件：一是产品进仓的数量必须达到或超过订单数量的80%以上；二是需要有国家承认的纺织品质量监督局出具的质量检验合格报告（图7-70）；三是要有装箱单。

一般来说，制衣厂在产品计划出厂前提前三天预约客户QC来厂进行尾期检验，如果预约日期刚好是周六、周日或法定节假日，那么验货的日期应尽量安排到周五，避免延至下周一，以便遇到查货不合格需要重新开箱检验、进行返工返修并进行第二次复验时，能够准时交货，尽量将可能导致的不良后果降到最低（图7-71）。

第二，客户QC到厂后进行产品抽箱。

客户QC尾期查验一般是按照一定的比例对产品进行抽查，很少会按照100%全数进行检查。当客户QC到厂后，首先检查装箱单、质量监督局的检验报告没有问题后，再进行抽箱检验。

抽箱方式有两种：一种是按照装箱单有目的地分层随机抽箱号（表7-9），另一种是客户QC直接前往仓库面对已经装好箱的产品进行现场随机抽箱。前者属于简易快捷的抽箱方式，后者在保证被抽样本能够在最大限度上代表被检查的全批产品的质量，在可信度上明显优于前者。

检验报告

No：96G00041

产品名称：长裤

受检单位：志华制衣(深圳)有限公司

生产单位：志华制衣(深圳)有限公司

任务来源：国家质量监督检验检疫总局

检验类别：国家监督抽查

国家纺织品服装产品质量监督检验中心(广州)

National Textile and Garment Quality Supervision Testing Center(Guangzhou)

CTTC

检验报告 Test Report

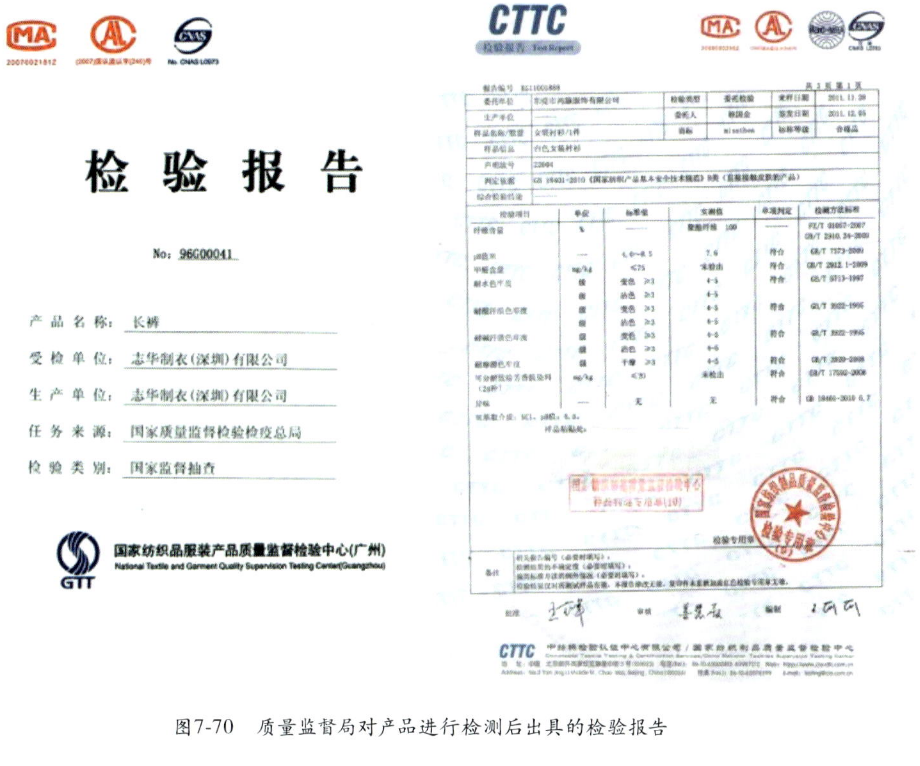

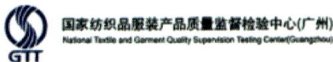

图7-70　质量监督局对产品进行检测后出具的检验报告

(a) 按照出厂原计划提前三天的查货日期　　　　　(b) 调整后的预约查货日期

图7-71　预约客户QC尾期查货遇到节假日时的处理方法

表7-9　伟达服装公司A001款混色混码的装箱单

款号：A001款针织T恤

尺码 颜色（色号）	S码	M码	L码	合计/箱
白色（W01）	1—10号箱	11—20号箱	21—30号箱	30
黄色（Y02）	31—40号箱	41—50号箱	51—60号箱	30
苹果绿色（G01）	61—70号箱	71—80号箱	81—90号箱	30
浅蓝色（B01）	91—100号箱	101—110号箱	111—120号箱	30
合计/箱	40	40	40	120
备注： 独色独码30件/箱，合计每色每码各10箱，共120箱。				

在A001款针织T恤的装箱单中，客户QC按照分层随机抽箱的方法，分别抽出了如表7-10所示的箱号。

表7-10　伟达服装公司A001款混色混码的装箱单的抽箱号质检清单

客户QC抽出的箱号	对应的色码	每箱抽检件数/件
8号、16号、22号	分别对应白色（W01）的S码、M码与L码箱	15
38号、46号、53号	分别对应黄色（Y02）的S码、M码与L码箱	15
63号、75号、88号	分别对应苹果绿色（G01）的S码、M码与L码箱	15
95号、107号、118号	分别对应浅蓝色（B01）的S码、M码与L码箱	15
合计抽取12箱	每个颜色每个码数各抽查一箱	合计抽查180
成品质量抽查比例/%	5　　　　抽查总数/件	180

第三，客户QC监督制衣厂将抽中的产品整箱搬至检验室。

客户QC到厂进行抽箱后，制衣厂的跟单员与车间工艺员督促运输工人将抽中的产品箱号整箱搬运至检验室，然后客户QC进行货品质量查验。为了保证被检产品能够代表整批产品的质量，客户QC会全程监督制衣厂将抽中箱号的产品从成品仓库运输到检验室。

第四，当场开箱检验。

开箱后，客户QC会先清点箱内产品的实际装箱数量是否与要求相符，检查有无装错箱或装漏箱现象，然后从每一个纸箱中按比例抽出一定数量的产品进行检验。对客户QC抽出的产品，制衣厂跟单员与车间工艺员会将其拆开包装、叠整齐以便客户QC进行质量检查。客户QC会对每一件产品的质量是否符合要求进行仔细检验，包括原材料是否正确，测量成品规格是否符合齐码尺寸表的允许公差范围，检查产品的颜色和图案是否与PP版、齐色印绣花版相符合，检验产品的包装方法是否准确等。

第五，客户QC根据产品检验的质量情况作出质量判定，并出具产品尾期质量检验报告。

第六，根据不同的检验结果作出的相应处理（表7-11）。

表7-11　产品经过尾期质量检验后的4种质量判定结果

序号	种类	下一步	质量等级评价
第一种	质量合格品	经检验被判断为合格的，可以出厂付运	*****
第二种	质量不合格需要返工返修的产品	经检验不合格，被要求返工返修的产品，制衣厂方必须立即安排开箱返检，将有质量问题的产品挑出来进行返工返修，再在指定的日期内接受客户QC的二次复检。	***
第三种	质量不合格无法返修需要降等的产品	经检验不合格且无法再返工返修的，视其质量程度判定为"降等降价打折收货"的，由制衣厂与客户负责人进行商讨，协商解决方案。	**
第四种	质量严重不合格必须拒绝收货的产品	对于严重不合格品，客户可以拒绝收货甚至按照合同需要追究法律责任。如果情况属实，制衣厂应按照合同要求给予客户经济赔偿。	*

第七，对返工返修的产品进行二次复检。

如果产品在第一次尾期查验中被判定为不合格品，需要返工返修。在第二次复检时，需要进行加严检验，即抽检的数量、比例都会增加。例如，第一次检验的抽查比例是5%，查出问题不合格需要返工返修，则第二次检验的抽查比例会上升到7%~10%（视第一次检验发现问题的严重程度与数量比例大小，根据实际情况在第二次复查时上调抽查比例）。

第八，对二次复检结果的处理。

如果第二次复检合格，可以出厂付运。如果第二次复检仍然不合格，视具体情况作出是否继续返工返修并准备第三次复检，或者做降等降价打折处理。如果二次复检不合格而需要进行第三次复检，则会进入比第二次复检更为严格的抽检，通常会进一步增加抽检的比例。

第九，对三次复检结果的处理。

如果第三次复检合格，可以出厂付运。如果第三次复检仍然不合格，客户一般会拒收，并要求制衣厂按照合同要求进行经济赔偿。

（2）质量检验的标准

服装质量检验的标准详见附录。

═══)练一练(═══

判断题：

①一般来说，通知客户QC来厂进行尾期查货不需要提前预约，查货的日期在计划产品出厂前当天。　　　　　　　　　　　　　　　　　　　　　　　　　　　　　　（　　）

②通知客户QC前来查验尾期货品，需要具备三个条件：一是产品进仓的数量必须达到或超过订单数量的50%以上；二是需要有国家承认的纺织品质量监督局出具的质量检验合格报告；三是要有装箱单。　　　　　　　　　　　　　　　　　　　　　　　　　　　　　（　　）

③抽箱方式有两种：一种是按照装箱单有目的地分层随机抽箱号，另一种是客户QC直接前往仓库面对已经装好箱的产品进行现场随机抽箱。　　　　　　　　　　　　　（　　）

④如果产品在第一次尾期查验中被判定为不合格品，需要返工返修者，在第二次复检时，就需要进入"加严检验"，通常抽检的数量比例会增加。　　　　　　　　　　（　　）

⑤如果第二次复检仍然不合格，则该批货品将被客户拒收。　　　　　　　（　　）

⑥对于在尾期查验时经客户QC检验后被判断为合格的货品，可以出厂付运。（　　）

⑦对于在尾期查验时经客户QC检验后被判定为不合格且无法再返工返修的，可视其质量程度判定为"降等降价打折收货"，由制衣厂与客户负责人进行商讨，以协商解决的方法。

（　　）

四、产品的物流运输

服装产品在通过尾期质量查验，获得产品质量尾期查验合格通知书后，即可进入物流运输阶段（图7-72、图7-73）。如果企业有自己的车辆，可安排厂内司机将货品运输到客户指定的收货地点。如果企业规模很小，没有自己的车辆，则需联系物流公司进行商品运输。制衣厂的跟单员根据前期的运输计划（即选择公路运输、铁路运输还是空中运输等），下达出货通知书给仓库管理员，正式安排产品出厂。

图7-72　产品通过尾期质量查验后，从成品仓提货出厂付运

图7-73　公路运输时间比较灵活，可以当晚就出发运往目的地

1. 陆地运输

陆地运输是指在陆地上进行的运输，包括公路运输（图7-74）和铁路运输（图7-75）两种，它们的优缺点如表7-12、表7-13所示。

（a）

（b）

图7-74　公路运输

图7-75　铁路运输

表7-12　公路运输的优缺点

优点	缺点
①空间与时间上自由性强、机动灵活、适应性强，可实现"门到门运输"。不受路线与停车站的约束，只要没有特别的障碍（如壕沟、过窄的通道等），汽车都可以到达。 ②货物损伤、丢失与误送的可能性小，减少了转运环节，货物包装可简化。 ③短途运输速度快、方便性高。 ④汽车购置费用较低，一般企业都可以购买，自行运输与委托运输可以同时进行，同时自备运输车辆具有充分的机动性。 ⑤受地形气候条件限制小。	①汽车运输能力小。运输的单位小，运输量与汽车台数与操作人员数成正比，难产生大批量运输的效果。 ②安全性差。在运输途中司机的自由意志起主要作用，容易发生交通事故，对人身、货物、汽车本身造成损失的可能性大。

表7-13　铁路运输的优缺点

优点	缺点
①铁路运输运行速度快，时速一般在80~120 km/h。 ②运输能力大，一般一列货车可装2 000~3 500吨货物，重载列车可装2万多吨货物；单线单向年最大货物运输能力达1 800万吨，复线达5 500万吨；运行组织较好的国家，单线单向年最大货物运输能力达4 000万吨，复线单向年最大货物运输能力超过1亿吨。 ③铁路运输过程受自然条件限制较小，连续性强，能保证全年运行。 ④通用性能好，既可运客又可运各类不同的货物。 ⑤火车客货运输到发时间准确性较高。 ⑥火车运行比较平稳，安全可靠。 ⑦平均运距分别是公路运输的25倍，管道运输的1.15倍，但不足水路运输的一半，不到民航运输的1/3。 ⑧运输成本较低。1981年，我国铁路运输成本分别是汽车运输成本的1/17~1/11，民航运输成本的1/267~1/97。 ⑨能耗较低，每千吨公里耗标准燃料分别是汽车运输的1/15~1/11，民航运输的1/174，但是这两种指标都高于沿海和内河运输。	①修建铁路投资太高，每千米造价单线铁路为100万~300万元，复线铁路为400万~500万元。 ②建设周期长，一条干线要建设5~10年，而且占地太多，随着人口的增长，将给社会增加更多的负担。

综合考虑,铁路运输适合在内陆地区运送中长距离、大运量、时间性强、可靠性要求高的一般货物和特种货物;从投资效果看,在运输量比较大的地区建设铁路比较合理。

2. 水上运输

水上运输是利用船舶、排筏和其他浮运工具,在江、河、湖泊、人工水道以及海洋上运送旅客和货物的一种运输方式。水上运输是我国综合运输体系中的重要组成部分,可分为内河运输和海洋运输,其优缺点如表7-14所示。

表7-14　水上运输的优缺点

优点	缺点
①水运主要利用江、河、湖泊和海洋的天然航道来进行。水上航道四通八达,通航能力几乎不受限制,而且投资省。 ②水上运输可以利用天然的有利条件,实现大吨位、长距离的运输。因此,水运的主要特点是运量大、成本低,非常适合大宗货物的运输。 ③水上运输是开展国际贸易的主要方式,是发展经济和友好往来的主要交通工具。	①受自然条件的限制与影响较大,即受海洋与河流的地理分布及其地质、地貌、水文与气象等条件和因素的明显制约与影响。 ②对综合运输的依赖性较大。河流与海洋的地理分布有相当大的局限性,水运航线无法在广大陆地上任意延伸。

- 内河运输:利用河流形成的自然优势进行运输(图7-76)。我国最大的内河运输河流是长江。

- 海洋运输:在海洋上的运输也称航海运输(图7-77)。海洋运输是各国对外贸易的主要运输方式。海运的结构模式是"港口—航线—港口",通过国际航线和大洋航线连接世界各地的港口,其所形成的运输网络,对区域经济的世界化和世界范围内的经济联系发挥着极其重要的作用。

图7-76　内河运输

图7-77　海洋运输

- 集装箱运输:又称箱运化运输,是国际贸易货物运输最重要的运输方式(图7-78)。国际标准集装箱规格为宽8英尺①,高8英尺,长20英尺、30英尺或40英尺。集装箱运输有很多优点:

---

① 1英尺=0.304 8 m。

便于港口作业机械化,提高装卸效率,大大缩短了船舶在港时间,加快船舶周转率,能节省包装费用,减少货损,并有利于不同交通线路和运载工具的衔接,开展门到门运输等。海上集装箱运输的出现,使集装箱运输蓬勃发展。目前,全球有上百个国家和地区进入集装箱运输网,有集装箱港口400多个,泊位1万多个。

(a)   (b)

图7-78　集装箱运输

3. 空中运输

空中运输是指通过飞机来完成的运输(图7-79)。由于航空货运所采用的运输工具是飞机,飞机的时速在600~800 km/h,比其他的交通工具快得多(火车时速100~140 km/h,汽车时速120~140 km/h,轮船就更慢了)。

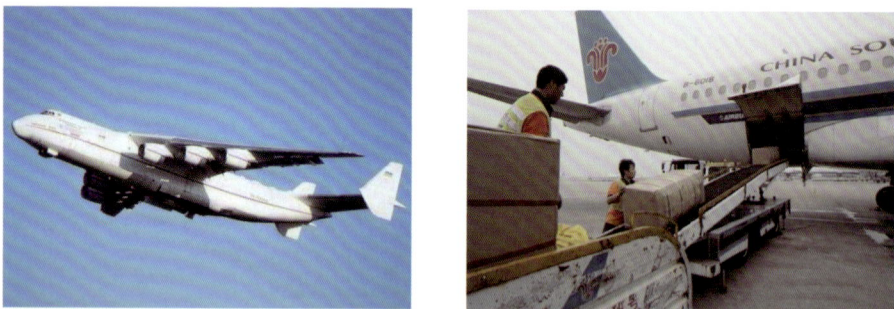

图7-79　空中运输

航空货运的这个特点适应了一些特种货物的需求,如海鲜、肉类、进口水果等鲜活易腐的货物,其本身对时间要求特别高,只能采用航空运输;另外,在现代社会,企业需要对市场的变化作出非常灵敏的反应,考虑的不仅仅是生产成本,时间成本也成为一项重要的因素,如产品的订单生产、服装及时上市以获取更高的利润等,这都需要航空运输的大力支持。

虽然空中运输在效率等方面具有优势,但是其运输成本也是最高的(表7-15)。

一般来说,企业应根据产品生产地、产品收货地及产品数量的不同,结合运输所需要的时间、需要支付的运输成本的高低,以及在运输途中所需承担的责任风险等进行综合考虑,评估选出最佳的运输方式。目前,多数服装企业采用两种或两种以上的综合运输方式,如水上运输+陆地运输、空中运输+陆地运输等。

表7-15　空中运输的优缺点

优点	缺点
①速度快。"快"是空中运输的最大特点和优势。现代喷气式客机,巡航速度为800~900 km/h,比汽车、火车快5~10倍,比轮船快20~30倍。距离越长,空中运输所能节约的时间越多,快速的特点也越显著。 ②机动性大。飞机在空中飞行,受航线条件限制的程度比汽车、火车、轮船小得多。它可以将地面上任何距离的两个地方连接起来,可以定期或不定期飞行。尤其对灾区的救援、供应、边远地区的急救等紧急任务,空中运输已成为必不可少的手段。 ③舒适、安全。喷气式客机的巡航高度一般在1万m左右,飞行不受低气流的影响,平稳舒适。现代民航客机的客舱宽畅,噪声小,机内有供膳、视听等设施,旅客乘坐的舒适程度较高。由于科学技术的进步和对民航客机适航性严格的要求,航空运输的安全性比以往已大大提高。 ④基本建设周期短、投资小。要发展航空运输,从设备条件上讲,只需添置飞机和修建机场。这与修建铁路和公路相比,建设周期短、占地少、投资省、收效快。据统计,在相距1 000 km的两个城市间建立交通线,若载客能力相同,修筑铁路的投资是开辟航线的1.6倍。	①飞机机舱容积和载重量都比较小。 ②对运载成本和运价比地面运输高。 ③准点性低。由于飞行受气象条件的影响,准点性低。 ④空中运输速度快的优点在短途运输中难以充分发挥。

在三种运输方式中,空中运输的成本最高,适用于500 km以上的长途客运,以及时间性强的鲜活易腐或价值高的货物的中长途运输。对于服装企业来说,如果不是交货期太紧迫,一般制衣厂不会将空中运输作为首选运输方式。

➤ 练一练 ◄

判断题:

①常用交通运输工具可以分为陆地运输、水上运输与空中运输三大类。　（　　）

②由于空中运输的效率是最高的,因此制衣厂在运输货品时首先的交通工具应当是飞机。
（　　）

③陆地运输包括公路运输（汽车运输）与铁路运输（火车运输）两种。　（　　）

④水上运输的局限性包括受自然条件的限制与影响大,以及对综合运输的依赖性较大。河流与海洋的地理分布有相当大的局限性,水运航线无法在广大陆地上任意延伸。　（　　）

⑤空中运输对运载成本和运价比地面运输高。　（　　）

⑥公路运输在空间与时间上自由性强、机动灵活、适应性强,可实现"门到门运输"。

（　　）

⑦铁路运输能力大,一般一列货车可装2 000~3 500吨货物,重载列车可装2万多吨货物,远远高于公路运输。

（　　）

⑧海洋运输是各国对外贸易的主要运输方式,海运的结构模式是"港口—航线—港口",通过国际航线和大洋航线连接世界各地的港口,其所形成的运输网络,对区域经济的世界化和世界范围内的经济联系发挥着极其重要的作用。

（　　）

五、产品的售后服务

产品在运输到客户指定的收货地点后,制衣厂跟单员还需要继续跟进产品的售后服务。售后服务主要包括以下4种:一是运输进度跟踪,跟进确认到货事宜;二是跟进客户增加生产订单的货期回复与安排生产;三是跟进处理客户对产品的质量投诉;四是跟进处理客户对产品的数量投诉。

1.跟进运输进度,确认到货事宜

一般来说,产品的收货地点与生产地距离越远,运输时间越长,在运输过程中出现意外情况的可能性就越高。因此,制衣厂跟单员需要在预期到货的日期里密切跟进物流状况,确保客户能够在预订的时间内收到货品。

2.处理追加新订单

如果产品在推出市场后收到了不错的销售业绩,客户很可能会继续追加新订单。由于商品的销售具有鲜明的时效性,制衣厂作为产品供应商,服装跟单员在收到客户想追加新订单的信息后,应尽快联系生产车间与原材料供应商(面料、辅料供应商)及加工供应商(包括印花厂、绣花厂与洗水厂等),明确落实能够完成追加订单的具体货期并及时回复客户,一旦确认需马上安排生产。若客户要求的货期太急,制衣厂确实难以完成时也应及时回复客户,婉转地表达歉意。

3.处理质量投诉

产品运抵客户指定的收货地点后,一般会由客户采购员(买手)将成品仓的货物按照计划分运货品到各个店铺(图7-80),由各店铺的销售员将产品售卖给消费者(图7-81)。

图7-80　服装专卖店

图7-81　销售员在接待客人

如果产品在生产过程中控制质量较好，出厂后接到的质量投诉会较少；如果产品在生产过程中没有严格地控制好质量，那么即使在尾期质量查验时能够侥幸过关，但在售卖过程中仍有可能被消费者发现，进而被投诉有质量问题。

一旦接到客户的质量投诉，跟单员一定要细心、耐心地查找原因，分清责任；如果检查结果确实是制衣厂的责任，应及时采取补救措施，最大限度减少客户的损失，最大限度地挽回本企业的声誉；以此为戒，严格反省，杜绝此类质量问题再次发生。对于消费者违反洗涤操作人为造成的质量问题，不属于厂方责任，跟单员要耐心地与客户沟通，同时请客户店铺销售员耐心地与消费者解释，并提醒消费者在下次洗涤产品前仔细查看洗水唛上的洗涤说明，最大限度地做好产品的保养，延长产品的使用寿命，避免人为造成质量问题。

4.处理数量投诉

数量投诉是指客户在收到商品后发现实际装箱数量与装箱单不符合，比如数量不对，尺码或颜色装错等，这往往是由于装箱工人粗心大意造成的，同时也与装箱方式的难度密切相关。通常，混色混码装箱在赶货时容易出现装箱错误，独色独码装箱发现差错相对是最少的。

━━●）练一练（━━━━━

判断题：

①服装产品的售后服务主要包括以下3种：一是运输进度跟踪，确认到货事宜；二是跟进客户增加生产订单的货期回复与安排生产；三是跟进处理客户对产品的数量投诉。（　　）

②服装跟单员在收到客户想追加新订单的信息后，应尽快联系生产车间与原材料供应商（面料、辅料供应商）及加工供应商（包括印花厂、绣花厂与洗水厂等），明确落实能够完成追加的订单的具体货期并及时回复客户。（　　）

③产品在经过了尾期质量查验合格方可出厂付运，因此货品出厂后如出现质量投诉一定不会是制衣厂的责任。（　　）

④通常独色独码装箱在赶货的时候容易出现装箱错误，混色混码装箱发现差错相对是最少的。（　　）

⑤如果出现装箱件数少于规定装箱数量，可以追究制衣厂装箱者的责任。（　　）

⑥如果产品在出厂后被发现出现严重的质量问题，比如多件产品的绷缝线出现跳线没有被发现，而被作为合格品出厂，那么，可以根据成品质检员的工号追究其责任。（　　）

【实践作业九】处理质量投诉

跟单员小明跟进的一款3 000件的短袖针织印花T恤，款号为A001，订单号AB001，已经在半个月前通过了客户的尾期质量查验顺利出厂，并且已经在上周顺利到达北京客户指定的仓库。该款式的订单细数表如下：

款号：A001   订单号：AB001   客户：骏达公司   收货地点：北京仓

色号 ＼ 尺码	S码	M码	L码	合计/件
A01 黑色	330	340	330	1 000
W01 白色	330	340	330	1 000
G02 果绿	330	340	330	1 000
合计	990	1 020	990	3 000
收货地址：北京市××区××路××号				

但是，小明周一一早上班就收到了客户气冲冲的来电，投诉A001款T恤出现洗水后颜色有脱落的现象，要求3 000件全批退货。小明回顾自己一直在生产过程中密切跟进全程，没有出现过严重的质量问题，为何现在严重到客户要求全批退货呢？小明顿感迷惘。

小明的同事晓雯认为，既然这批货品从中期到尾期的质量查验都没有发现过质量问题，那么客户在产品到达北京后再反映发现质量问题并要求全批退货是不合理的，无须理会。小明不知道该怎么办好了，正准备去请示上司，同事小方认为小明去请示上司不妥，应当自己先查清楚再向上司汇报。

你认为小明的同事晓雯与小方的观点正确吗？为什么？如果你是小明，应当如何正确处理这桩质量投诉呢？

处理质量投诉	
问题一	你认为小明的同事晓雯与小方的观点正确吗？为什么？
问题二	如果你是小明，应当如何正确处理这桩质量投诉呢？

问题三	如果你是小明，应当如何正确展开自查呢？
问题四	如果你是小明，应当如何请客户方配合进行互查呢？
问题五	如果检查的结果确实是厂方的检查失误造成的，应当怎样采取补救措施呢？

得分：_____

教师：_____

【任务学习要点】

（1）服装产品的生产后期主要包括哪些工作？

（2）服装制衣厂生产车间在后工序组中包括哪些工序？

（3）常用的熨烫设备有哪些？

（4）服装产品的中期质量检验与尾期质量检验的区别是什么？

（5）服装成品的尾期检验中如发现质量问题应当如何处理？

（6）服装成品检验中对于无法返工返修的次品应当如何处理？

（7）常用的包装材料有哪些？

（8）常用的服装成品包装方法有哪些？

（9）拷贝纸与牛油纸有什么不同？拷贝纸与牛油纸主要有哪些用途？

（10）洗水唛上通常应当标示哪些内容？

（11）合格证上通常应当标示哪些内容？

（12）胶袋通常有哪些类型？

（13）纸箱的主唛通常标示哪些内容？

（14）纸箱的侧唛主要标示哪些内容？

（15）纸箱的外径尺寸与内径尺寸通常是如何测量的？

（16）纸箱的厚度与瓦楞纸的层数存在什么关系？

（17）纸箱的毛重与净重是如何称量的？

（18）封箱的方式主要有哪几种？

（19）产品装箱的方式主要有哪几种？

（20）客户尾期查货应具备哪三个条件？

（21）客户尾期查货有哪两种常用的抽箱方式？哪一个更快捷？哪一个信度更高？

（22）通知客户QC前来制衣厂查验尾期质量，通常比计划出货前提前几天？为什么？

（23）对于产品尾期查验不合格的产品，应该采取怎样的处理方式？

（24）产品的运输方式主要包括哪4种？

（25）为何对于服装生产来说，空运不是最佳的运输方式？

（26）陆地运输与水上运输相比，各有哪些优缺点？

（27）产品在出厂后，跟单员还需要跟进哪些工作？

（28）产品在出厂后被投诉主要包括哪些类型的投诉？

（29）如何正确处理售后产品的投诉？

（30）如何正确处理客户提出的追加订单？

（31）产品出厂后，厂方跟单员如何跟进产品的到货事宜？

〉〉〉〉〉〉〉〉 【附录一 2020年最新纺织服装常规质量检验采用执行标准】

类型	机织标准	针织标准
男、女服装	GB/T 2660—2017《衬衫》	GB/T 22849—2014《针织T恤衫》
	GB/T 2662—2017《棉服装》	GB/T 22853—2019《针织运动服》
	GB/T 2664—2017《男西服、大衣》	GB/T 26384—2011《针织棉服装》
	GB/T 2665—2017《女西服、大衣》	GB/T 26385—2011《针织拼接服装》
	GB/T 2666—2017《西裤》	GB/T 32614—2016《户外运动服装 冲锋衣》
	GB/T 14272—2011《羽绒服装》	FZ/T 73005—2012《低含毛混纺及仿毛针织品》
	GB/T 18132—2016《丝绸服装》	
	GB/T 22700—2016《水洗整理服装》	FZ/T 73010—2016《针织工艺衫》
	GB/T 32614—2016《户外运动服装 冲锋衣》	FZ/T 73018—2012《毛针织品》
	FZ/T 74007—2019《户外防晒皮肤衣》	FZ/T 73020—2012《针织休闲服装》
	FZ/T 73059—2017《双面穿服装》	FZ/T 73028—2017《针织人造革服装》
	FZ/T 81004—2012《连衣裙、裙套》	FZ/T 73029—2019《针织裤》
	FZ/T 81006—2017《牛仔服装》	FZ/T 73032—2017《针织牛仔服装》
	FZ/T 81007—2012《单、夹服装》	FZ/T 73043—2012《针织衬衫》
	FZ/T 81008—2011《茄克衫》	FZ/T 73052—2015《水洗整理针织服装》
	FZ/T 81009—2014《人造毛皮服装》	FZ/T 73053—2015《针织羽绒服装》
	FZ/T 81010—2018《风衣》	FZ/T 73056—2016《针织西服》
	FZ/T 81018—2014《机织人造革服装》	FZ/T 73058—2017《针织大衣》
	FZ/T 81019—2014《灯芯绒服装》	FZ/T 73059—2017《双面穿服装》
		FZ/T 74007—2019《户外防晒皮肤衣》

类型	机织标准	针织标准
儿童服装	GB/T 2660—2017《衬衫》 GB/T 2662—2017《棉服装》 GB/T 2664—2017《男西服、大衣》 GB/T 2665—2017《女西服、大衣》 GB/T 2666—2017《西裤》 GB/T 14272—2011《羽绒服装》 GB/T 22700—2016《水洗整理服装》 GB/T 23328—2009《机织学生服》 GB/T 31888—2015《中小学生校服》 GB/T 31900—2015《机织儿童服装》 GB/T 32614—2016《户外运动服装　冲锋衣》 FZ/T 73059—2017《双面穿服装》 FZ/T 74007—2019《户外防晒皮肤衣》 FZ/T 81004—2012《连衣裙、裙套》 FZ/T 81006—2017《牛仔服装》 FZ/T 81007—2012《单、夹服装》 FZ/T 81009—2014《人造毛皮服装》 FZ/T 81010—2018《风衣》 FZ/T 81018—2014《机织人造革服装》 FZ/T 81019—2014《灯芯绒服装》	GB/T 22849—2014《针织T恤衫》 GB/T 22853—2019《针织运动服》 GB/T 22854—2009《针织学生服》 GB/T 26384—2011《针织棉服装》 GB/T 26385—2011《针织拼接服装》 GB/T 32614—2016《户外运动服装　冲锋衣》 FZ/T 73005—2012《低含毛混纺及仿毛针织品》 FZ/T 73010—2016《针织工艺衫》 FZ/T 73018—2012《毛针织品》 FZ/T 73020—2012《针织休闲服装》 FZ/T 73026—2014《针织裙、裙套》 FZ/T 73028—2017《针织人造革服装》 FZ/T 73029—2019《针织裤》 FZ/T 73032—2017《针织牛仔服装》 FZ/T 73043—2012《针织衬衫》 FZ/T 73045—2013《针织儿童服装》 FZ/T 73052—2015《水洗整理针织服装》 FZ/T 73053—2015《针织羽绒服装》 FZ/T 73058—2017《针织大衣》 FZ/T 73059—2017《双面穿服装》 FZ/T 74007—2019《户外防晒皮肤衣》 GB/T 31888—2015《中小学生校服》
婴幼儿服装	GB/T 14272—2011《羽线服类》 GB/T 33271—2016《机织婴幼儿服装》	FZ/T 73005—2012《低含毛混纺及仿毛针织品》 FZ/T 73025—2013《婴幼儿针织服饰》

〉〉〉〉〉〉 【附录二 纺织品与服装需要检测的项目】

一、纺织品、服装及其配饰产品的测试项目

❖ 服装及面料强制性测试：纤维成分标签、洗涤护理标签、羽绒/羽毛检测、防火性能检测、限制物质测试。

❖ 服装及面料品质及性能测试：尺寸稳定性、色牢度、物理性能。

❖ 纺织供应链上游产品测试：限制物质测试。

❖ 辅料的安全性能测试：小物件测试、纽扣拉链性能测试。

二、受限物质（RSL）测试项目

❖ 偶氮染料。

❖ 甲醛。

❖ 五氯苯酚（PCP）、四氯苯酚（TeCP）和三氯苯酚（TriCP）。

❖ 杀虫剂。

❖ 重金属。

❖ 六价铬。

❖ 镍释放。

❖ 邻苯二甲酸酯类增塑剂。

❖ TBT、DBT和其他有机锡化合物。

❖ 含氯有机载体。

❖ pH值。

❖ 富马酸二甲酯（DMFU）。

❖ 烷基酚（AP）和烷基酚聚氧乙烯醚（APEO）。

❖ 全氟辛烷磺酰基化合物 （PFOS）。

❖ 挥发性有机化合物（VOC）。

【附录三　服装成衣质量检验常见疵点】

一、尺寸超出成品尺寸表的允许公差范围

二、缝制做工不良

❖ 针距超差：缝制时没有按工艺要求严格调整针距。

❖ 跳针：由于机械故障，间断性出现。

❖ 脱线：起、落针时没打回针；或严重浮线造成。

❖ 漏针：因疏忽大意漏缝；贴缝时下坎。

❖ 毛泄：拷边机出故障或漏拷；折光毛边时不严密，挖袋技术不过关，袋角毛泄。

❖ 浮面线：梭皮螺丝太松，或压线板太紧。

❖ 浮底线：压线板太松，或梭皮螺丝紧。

❖ 止口反吐：缝制技术差，没有按照工艺要求吐止口。

❖ 反翘：面子过紧；或缝制时面子放在上面造成。

❖ 起皱：没有按照缝件的厚薄调换针线；或缝合件有长短。

❖ 起绺纽：由于技术不过关缝纽了；缝合件不吻合。

❖ 双轨：缉单明线，断线后，接缝线时不在原线迹上；缝制贴件下坎后，补线时造成两条线迹。

❖ 双线不平行：由于技术不过关；或操作马虎造成双线宽窄不匀。

❖ 不顺直：缝位吃得不匀造成止口不顺直；技术差缉明线弯曲。

❖ 不平服：面里缝件没有理顺摸平；缝件不吻合；上下片松紧不一。

❖ 不方正：袋角、袋底、摆角、方领没有按90°缝制。

❖ 不圆顺：圆领、圆袋角、圆袖头、西服圆摆，由于缝制技术不过关出现细小棱角。

❖ 不对称：由于技术差或操作马虎，必须对称的部位有长短、高低、肥瘦、宽窄等误差。

❖ 吃势不匀：绱袖时在袖山部位由于吃势不均匀，造成袖山圆胖或有细褶。

❖ 绱位歪斜：绱袖、绱领、定位点少于三个或定位不准。

❖ 对条、对格不准：裁剪时没有留清楚剪口位；或排料时没有严格对准条格；缝制时马虎，没有对准条格。

❖ 上坎、下坎：缝纫技术低或操作马虎，没有做到缉线始终在缝口一边。

❖ 针孔外露：裁剪时没有清除布边针孔；返工时没有掩盖拆孔。

❖ 领角起豆：缝制技术低；领角缝位清剪不合要求；折翻工艺不合要求；没有经过领角定型机压形。

❖ 零配件位置不准：缝制时没有按样衣或工艺单缝钉零配件。

❖ 唛牌错位：主唛、洗水唛没有按样衣或工艺单要求缝钉。

三、污迹

- ❖ 笔迹：违反规定使用钢笔、圆珠笔编裁片号、工号、检验号。
- ❖ 油渍：缝制时机器漏油；在车间吃较油腻的食物。
- ❖ 粉迹：裁剪时没有清除划粉痕迹；缝制时用划粉定位造成。
- ❖ 印迹：裁剪时没有剪除布头印迹。
- ❖ 脏迹：生产环境不洁净，缝件堆放在地上；缝件转移时沾染；操作工上岗前没有洗手。
- ❖ 水营：色布缝件沾水褪色斑迹。
- ❖ 锈迹：金属纽扣、拉链、搭扣质量差，生锈后沾在缝件上。

四、熨烫

- ❖ 烫焦变色：烫斗温度太高，使织物烫焦变色（特别是化纤织物）。
- ❖ 极光：没有使用蒸汽熨烫，用电熨斗没有垫水布造成局部发亮。
- ❖ 死迹：烫面没有摸平，烫出不可回复的折迹。
- ❖ 漏烫：工作马虎，大面积没有过烫。

五、线头

- ❖ 死线头：后整理修剪不净。
- ❖ 活线头：修剪后的线头粘在成衣上，没有清除。

六、其他

- ❖ 倒顺毛：裁剪排料差错；缝制小件与大件毛向不一致。
- ❖ 做反布面：缝纫工不会识别正反面，使布面做反。
- ❖ 裁片同向：对称的裁片，由于裁剪排料差错，裁成一种方向。
- ❖ 疵点超差：面料疵点多，排料时没有剔除，造成重要部位有疵点，次要部位的疵点超过允许数量。
- ❖ 扣位不准：扣位板出现高低或扣档不匀等差错。
- ❖ 扣眼歪斜：锁眼工操作马虎，没有摆正衣片，造成扣眼横不平，竖不直。
- ❖ 色差：面料质量差，裁剪时搭包，编号出差错，缝制时对错编号，有质量色差没有换片。
- ❖ 破损：剪修线头，返工拆线和洗水时不慎造成。
- ❖ 脱胶：粘合衬质量不好；粘合时温度不够或压力不够，时间不够。
- ❖ 起泡：粘合衬质量不好；烫板不平或没有垫烫毯。
- ❖ 渗胶：粘合衬质量不好；粘胶有黄色，烫斗温度过高，使面料泛黄。
- ❖ 套结不准：套结工没有按工艺要求摆正位置。
- ❖ 钉扣不牢：钉扣机出现故障造成。
- ❖ 四合扣松紧不宜：四合扣质量造成。
- ❖ 折衣不合格：没有按工艺要求（或客户要求）折衣。
- ❖ 衣、袋规格不符：包装工操作马虎，将成衣装错包装塑料袋。

❖ 丢工缺件：缝纫工工作疏忽，忘记安装各种装饰绊，装饰纽或者漏缝某一部位，包装工忘了挂吊牌和备用扣等。

❖ 装箱搭配差错：包装工工作马虎，没有严格按装箱单搭配装箱。

❖ 箱内数量不足：打下的次品过多，没有合格品补足造成尾箱缺数。

❖ 外箱唛头印错：外贸部门提供的唛头有错；生产厂家辨别英语出错。

〉〉〉〉〉〉〉 【附录四　服装面料质量检验常见疵点】

- ❖ 粗细纱。
- ❖ 烂针。
- ❖ 破洞。
- ❖ 中间压痕（死痕）。
- ❖ 色差。
- ❖ 严重色纤。
- ❖ 轻微色纤。
- ❖ 停机痕。
- ❖ 擦痕。
- ❖ 针路。
- ❖ 散乱色点。
- ❖ 折痕。
- ❖ 纬斜。
- ❖ 染花。